Judith Allert / Marie Braner

So sind FAMILIEN

Lauter liebevolle Vorlesegeschichten

CARLSEN

INHALT

Papa Olaf
Ella
Linus

DIE GEBORGTE OMA

»Du bist schon wieder viel zu spät«, sagt Ella, als sie zu Papa und ihrem kleinen Bruder Linus ins Auto steigt. »Die anderen Kinder sind schon längst abgeholt.«

Papa seufzt. »Tut mir leid, wirklich. Ich war schon fast aus dem Haus, da hat mein Chef noch mal angerufen. Ja, und dann, gerade als ich losfahren wollte …«

»Hat Papa gemerkt, dass er mich vergessen hatte«, mault Linus hinten auf der Rückbank. »Dabei musste ich nur noch mal auf's Klo!«.

»Und das war dann auch noch verstopft«, sagt Papa und seufzt wieder.

Ella dreht sich zu Linus um. »Warst du nicht im Kindergarten?«

Linus verzieht das Gesicht. »Nur ganz kurz. Bauchweh«, erklärt er.

Linus ist vier. Ella ist sieben und schon in der Schule. Seit einer Woche an einer ganz neuen Schule. Denn Ella, Papa und Linus sind umgezogen. Und eigentlich sollte hier alles besser werden. Weil Papa jetzt auch von zu Hause arbeiten kann und mehr Zeit für Linus und Ella hat. Angeblich. Aber Ella findet, es ist schon wieder alles wie vorher. Nur, dass ihre allerallerbeste Freundin Lea viel weiter weg wohnt und sie sich in der Klasse einundzwanzig neue Namen merken muss.

»Auf jeden Fall müssen wir uns jetzt beeilen. Ich hab dann noch eine Besprechung«, sagt Papa.

»Wieder mit der Kamera?« Linus' Augen funkeln.

Papa dagegen sieht ziemlich erschrocken aus.

»So lange ich am Computer sitze, geht ihr spielen – und zwar nicht bei mir im Arbeitszimmer!«, sagt er streng.

Und hinterher sagt er, gar nicht mehr streng und mit einem Augenzwinkern: »Dafür machen wir was Schönes, wenn ich fertig bin.«

Und dann gibt Papa Gas, damit sie noch bei Grün über die Ampel kommen.

»Schauen wir mal«, murmelt Ella währenddessen ganz leise vor sich hin.

»Ihr seid die Neuen, oder? Herzlich willkommen!«

Als die drei durch den Hinterhof zur Haustür laufen, schaut eine Frau mit grauen Haaren aus einem der Fenster im Erdgeschoss und winkt ihnen freundlich zu. An ihren Ohren hängen große, runde Ohrringe. Wenn sie redet, wackeln die hin und her und klimpern leise. »Ich bin Frau Berger!«

»Danke, das ist aber nett. Wir sind die Meiers«, sagt Papa und stellt sich, Ella und Linus vor.

»Mama wohnt aber nicht hier.«, fügt Linus hinzu. »Die ist gestorben.«

Da guckt Frau Berger ganz betroffen.

»Oje. Das tut mir aber leid!«

Linus schüttelt den Kopf. »Du musst nicht traurig sein. Mama ist ja trotzdem immer bei uns. Nämlich hier!« Linus deutet auf sein Herz.

Im Gegensatz zu Ella kann er sich gar nicht mehr an Mama erinnern. Aber Ella war auch noch ganz klein. Deshalb ist sie meistens auch nur ein kleines bisschen traurig, wenn sie über Mama reden.

Bei Papa ist das anders. Ella merkt das, auch wenn Papa nicht will, dass sie es merkt. Jetzt fährt er sich mit der Hand durch die Haare. Das macht er immer, wenn er zappelig wird. Deshalb hat er zurzeit eine ziemlich wilde Frisur.

»Also, wir müssen jetzt leider, Frau Berger …«, sagt er, während er Ella und Linus, eine links und einen rechts, an den Schultern fasst und vorwärtsschiebt.

»Halt! Nur eine Sekunde noch«, ruft da die Nachbarin.

Frau Berger verschwindet kurz, taucht wieder auf und dann streckt sie zwei Schokoriegel zum Fenster hinaus.

»Wisst ihr, meine Enkelkinder sehe ich nur ganz selten. Das müsst ihr jetzt hin und wieder ausbaden.«

»Lecker!«, ruft Linus, schnappt sich seinen Riegel und rupft das Papier herunter. »Danke, Oma Berger!«

Auch Ella bedankt sich. Oma Berger, denkt sie. Das wär's!

»Ach Linus, es gibt doch gleich …«, Papa reißt die Augen auf, »… Mittagessen! Oh nein! Ich hab den Ofen nicht ausgemacht!« Mit den Worten rennt er zur Haustür.

»Auweia«, sagt Frau Berger mit einem Augenzwinkern. »Also, bevor ihr verhungert, klingelt ihr lieber mal bei mir. Nudeln mit Tomatensoße hab ich immer da.«

Ella nickt und kichert. »Danke!«

Dann saust sie, mit Linus an der Hand, Papa hinterher.

Der Gemüseauflauf ist ziemlich schwarz. Papa kratzt hier und da und sicherheitshalber auch dort das Angebrannte herunter. Viel ist dann nicht mehr übrig. Ein bisschen komisch schmeckt es auch. Ella denkt sehnsüchtig an Frau Bergers Nudeln mit Tomatensoße.

»Ich finde Frau Berger total nett«, sagt sie.

»Voll total!«, sagt Linus, während er mit dem Löffel seine Portion auf dem Teller herumschiebt, als wäre sie ein Spielzeugauto.

Papa guckt mit einem Stirnrunzeln zu Linus und dann mit einem mahnenden Blick zu Ella:

»Ihr belästigt sie bitte nicht.« Dann fällt sein Blick auf die Küchenuhr. »Das Meeting! Ich muss …«

Er saust Richtung Schlafzimmer. Unterwegs zieht er sich blitzschnell sein T-Shirt über den Kopf.

»Wo ist denn jetzt mein Hemd hin?«, schimpft er.

Zumindest kann er seine Jogginghose anlassen. Die sieht man bei einem Videotelefonat ja nicht.

»Na komm, wir spielen was«, sagt Ella zu Linus.

Dabei würde sie viel lieber in ihr Zimmer gehen, sich die Decke bis über die Ohren ziehen und mit Lieschen, ihrem Kuschelschaf, kuscheln. Aber Linus kann ja auch nichts dafür, dass Papa alles durcheinanderbringt.

Das Meeting dauert dann natürlich auch wieder viel länger als geplant.

»So geht das nicht weiter«, sagt Papa, als er endlich fertig ist.

Er guckt Ella und Linus entschuldigend an.

»Aber echt!« Ella nickt. Ein Glück, dass Papa das auch so sieht.

»Vielleicht ... brauchen wir einen Babysitter. Zumindest für ein paar Nachmittage die Woche«, fährt Papa fort.

Da schüttelt Ella den Kopf. So hat sie das aber nicht gemeint!

»Bloß nicht!«, ruft sie.

Und Linus quäkt auch sofort los: »Bin kein Baby mehr!«

»Du hast versprochen, dass du mehr Zeit für uns hast!« Ella stemmt die Arme in die Seiten. »Und versprochen ist versprochen und wird nicht gebrochen!«

Papa atmet tief durch. »Nur für den Anfang. Bis auf der Arbeit alles rundläuft.«

Linus schmollt trotzdem. Und Ella? Die grübelt jetzt angestrengt. Bloß kein doofer Babysitter! Ihr muss was anderes einfallen.

Durch das gekippte Fenster dringt ein Geräusch zu ihnen.

Frau Berger ist im Hof. Sie hat einen Blumentopf und einen Sack Erde dabei. Linus vergisst seine Schmollerei, klopft ans Fenster und winkt:

»Haaaallo, Oma Berger!«

»Linus!«, mahnt Papa. »Das ist unhöflich!«

»Nee, das ist genial!«, findet Ella. »Wir könnten uns Frau Berger doch mal leihen. Als Oma!«

»Wir kennen sie doch gar nicht«, protestiert Papa.

»Kennenlernen geht einfach. Sie ist doch total nett. Und ihre Enkel sieht sie nicht oft, hat sie gesagt. Also kann sie sich uns doch ab und zu mal borgen!«

»Borgen«, kichert Linus. »Wie ein Buch aus der Bücherei!«

Aber weil Papa zumindest schon mal nicht mehr protestiert, zupft Ella Linus am Ärmel.

»Komm mit!«, sagt sie und zwinkert Papa zu. »Wir sind auch ganz höflich, versprochen!«

Jetzt muss Papa sogar ein bisschen grinsen.

»Und versprochen ist versprochen und wird nicht gebrochen«, sagt er.

Lotte
Jule

SUPER-LOTTE

Seit einer Ewigkeit freute sich Lotte schon auf den Ausflug. Ihre große Schwester Jule hatte ihn ihr zum Geburtstag geschenkt: einen ganzen Tag im Wildtierpark!

Als Lotte und Jule sich auf den Weg zum Bahnhof machten, kitzelte die Sonne sie an der Nase. Sie hatten noch etwas Zeit, deshalb fuhr Lotte im Slalom um ein paar Poller herum.

»Es gibt Waschbären und Uhus«, plapperte sie vor sich hin. »Hirsche mit riesigen Geweihen und sogar echte Wölfe!«

Überall in ihr kitzelte die Vorfreude. Von der rechten großen Zehe bis ins linke Ohrläppchen.

»Jepp. Das wird richtig super!«, war sich auch Jule sicher. Sie hielt Lotte die flache Hand hin und die klatschte ab.

♥

Dann lag das Bahnhofsgebäude vor ihnen – und Jule schlug sich beim Blick auf die große Bahnhofsuhr die Hand vor den Mund.

»Mist!« Sie schaute auf ihre Armbanduhr. Und dann noch mal auf die riesigen Zeiger oben am Bahnhofsgiebel. »Meine Uhr geht nach. Wir sind zu spät. Der Zug kommt gleich. Schnell!«

»Kein Problem. Ich bin doch Super-Lotte mit dem Superflitzer!«, rief Lotte und düste los. So schnell, dass Jule wirklich kaum hinterherkam.

Aber dann war da auf einmal so ein doofes Schild: Der Aufzug war kaputt!

»Wir nehmen die Treppe. Das kriegen wir hin«, sagte Lotte.

Doch als sie vor dem Treppenaufgang standen, schüttelte Jule den Kopf. »Viel zu gefährlich! Was, wenn ich den Rollstuhl nicht halten kann?« Sie warf einen Blick auf den Fahrplan. »Der nächste Zug geht in einer Stunde. Wollen wir warten?«

Lotte aber schüttelte den Kopf.

»Nee! Die Stunde haben wir dann ja weniger im Park. Das ist doch doof!« Sie presste fest die Lippen zusammen. »Ich hab mich so darauf gefreut! Von wegen Super-Lotte.« Lotte schnaubte. Traurig und wütend gleichzeitig. Also trütend. Oder waurig.

Jule beugte sich zu ihr und umarmte sie.

»Ist doch egal. Wir machen uns heute einen netten Nachmittag und fahren morgen in den Tierpark. Dann haben wir gleich zwei schöne Tage zusammen!«

Da wischte sich Lotte mit dem Ärmel über die Augen.

»Na gut«, brummte sie. Und dann grinste sie schon wieder ein bisschen. »Wie wär's mit einem Picknick im Park?«

Der Weg zum Park führte durch die Fußgängerzone. Perfekt, sie mussten schließlich noch ein bisschen einkaufen für ihr Picknick.

»Ich will Schorle. Und Kekse!«, sagte Lotte. »Und Chips!«

Jule lachte. »Nicht, dass dein Rollstuhl zusammenkracht, wenn du so viel Süßkram mampfst!«

Auf einmal verpasste Lotte Jule einen sanften Knuff. Mit einem

Nicken und einem Grinsen deutete sie zu einem Mann. Der saß auf einer Bank und starrte, mit dem Handy in der Hand, zu ihnen rüber. Genauer gesagt versuchte er, so zu tun, als ob er eben nicht starrte. Aber das klappte so gar nicht!

Den Blick kannten Lotte und Jule schon.

Jule sah Lotte mit einem übertriebenen Augenrollen an.

»Der hat wohl noch nie einen Superflitzer gesehen«, sagte sie schmunzelnd. Und so laut, dass es auch der Mann hörte. Schnell wandte er sich ab und starrte hochkonzentriert auf sein Handy.

»Mein Flitzer ist ja auch etwas ganz Besonderes«, erwiderte Lotte kichernd.

Dann prusteten beide los vor Lachen.

Und genau in diesem Moment erklang der Schrei!

»Hilfe! Hilfe! Ein Dieb. Hilfe!«

Er kam von einer alten Dame. Verzweifelt deutete sie auf einen jungen Mann mit schwarzer Kapuze. Mit einer grünen Handtasche in der Hand rannte er davon. Einige Passanten blieben stehen und starrten die Frau an – aber den Dieb ließen sie laufen.

»He! Stopp!«, rief Lotte sofort.

Sie dachte überhaupt nicht nach. Sie machte einfach. Nichts wie hinterher!

»Lotte! Spinnst du?«, rief Jule noch.

Aber Lotte hörte sie schon gar nicht mehr.

Allerdings war der Dieb ganz schön schnell. Da hatte es auch der wildeste Superflitzer nicht leicht. Lotte gab Gas wie sonst was. Einige Passanten sprangen erschrocken zur Seite. Trotzdem schaffte sie es nicht, aufzuholen.

Doch dann, gerade bevor der Abstand zu groß wurde, ging es ein wenig bergab. Und der Superflitzer wurde zum Megaflitzer! Er ratterte nur so über das Pflaster. Bei dem Geräusch drehte sich der Dieb zu Lotte um! Er hatte vermutlich nicht damit gerechnet, dass ihm eine Super-Lotte auf den Fersen war! Er riss die Augen auf – und stolperte. Über seine eigenen Füße!

Der Länge nach landete er auf dem Boden und blieb liegen wie eine platte Flunder. Wenn die Lage nicht so ernst gewesen wäre und Lottes Herz nicht zu gewummert hätte, hätte sie vermutlich schon wieder einen Lachanfall bekommen.

Sie fuhr zum Bremsen einen großen Kreis und rief: »Kann mir mal bitte jemand helfen? Schnell, festhalten! Der Kerl ist ein Dieb!«

Und endlich machte jemand was! Also, jemand außer Lotte! Zwei Männer stürmten auf den Dieb zu und hielten ihn fest. Jule, die nun keuchend und mit roten Flecken im Gesicht angerannt kam, zog ihr Handy hervor und rief die Polizei.

Nachdem die – wie im Krimi – die Handschellen hatte klicken lassen und der Dieb im Streifenwagen saß, kam auch die alte Dame dazu.

Lotte reichte ihr die grüne Tasche.

»Bitte schön!«

»Ich weiß gar nicht, wie ich dir danken soll«, sagte die Frau. Ihre Hände zitterten immer noch.

Sie wühlte hastig in ihrer Tasche herum, aber Lotte winkte ab.

»Das war doch selbstverständlich!«

Auch die Polizistin und der Polizist gratulierten Lotte: »Eigentlich würden wir ja sagen, Verbrecherjagd ist nichts für Kinder. Aber das hast du wirklich klasse gemacht!«

Jule drückte Lotte ganz fest an sich.

»Ich bin ja auch Super-Lotte!«, sagte Lotte.

Die beiden nahmen Lottes Name und Adresse auf.

»Guck morgen mal in die Zeitung«, sagte die Polizistin mit einem Schmunzeln.

Und die alte Dame, die Frau Sattler hieß, bestand darauf, Lotte einen Geldschein in die Hand zu drücken. Den konnten sie und Jule am nächsten Tag im Tierpark natürlich bestens gebrauchen.

Und dann wurde erst mal gefeiert! Eine echte Superheldinnen-Party!

Aber nicht im Park, sondern bei Lotte und Jule im Hinterhof.

Ihre Eltern kamen dazu und Oma und Opa auch, dabei wohnten die ein ganzes Stück draußen. Sogar die Familien aus der Nachbarschaft wollten auf Lotte anstoßen. Und Frau Sattler war natürlich auch eingeladen. Wie sich herausgestellt hatte, wohnte sie gar nicht weit weg.

Mitten im Trubel zwinkerte Jule Lotte zu.

»Nur gut, dass heute der Aufzug kaputt war!«

Lotte kicherte. »Und morgen, im Tierpark, rettet dich Super-Lotte vor dem bösen Wolf, okay?«

Mama Yola
Baby Krümel
Kio
Schlupp
Ada
Paul
Mia

DER GANZ NORMALE WAHNSINN

Draußen ist es noch dunkel. Und ganz still. Nur die allerersten Frühaufsteher-Vögel zwitschern schon ganz leise ihr Morgenkonzert. Drinnen, bei den Bergmann-Ayubas aber, da ist schon ziemlich was los. Hier wohnen ja auch zwei Erwachsene (Felix und Yola), vier Kinder (Kio, der ist schon dreizehn, Ada ist sechs, Paul vier und Baby Krümel erst sieben Monate alt), die getigerte Katze Mia und Schlupp, der Wuschelhund.

»Ada, du sollst dich anziehen«, sagt Felix. »Frühstück ist fertig!«

»Geht nicht, Pupsi hat Fieber«, sagt Ada.

Pupsi ist Adas Kuschelgiraffe.

Felix seufzt. »Darum kümmern wir uns heute Nachmittag, ja? Komm jetzt!«

Ada guckt Felix ganz erschrocken an. »Du lässt mich doch auch nicht einfach liegen, wenn ich krank bin!«

»Pupsi ist doch nur ein Plüsch…« Felix beißt sich auf die Lippen. »Na gut. Komm. Wir messen mal nach.«

»Kio! Kiiiiio!«, ruft währenddessen Yola und klopft an Kios Tür. »Komm endlich. Wir sind spät dran!«

Einen Moment dauert es noch, bis Kio herauskommt. Seine Haare stehen auf der einen Seite extrawild ab, auf der anderen sind sie plattgelegen. Und seine Augen sind schmal wie Briefmarken.

„Guten Morgen!«, sagt Yola.

»Grmpf«, grummelt Kio und torkelt Richtung Bad.

»Geht's ein bisschen freundlicher?«, fragt Yola.

Aber Kio schüttelt gähnend den Kopf. »Gleich. Meine Gedanken müssen erst aufwachen.«

Jetzt muss Yola noch Paul wecken. Doch in dem Moment, als sie sich auf den Weg zu seinem Zimmer macht, erklingt aus einem anderen Gebrüll. Krümel! Yola will zu ihm und stolpert über ein Spielzeugauto, das im Flur auf dem Boden liegt.

Leise schimpft Yola vor sich hin und schiebt das Auto mit dem Fuß beiseite.

»Wuofff!«, sagt Schlupp, der neben der Garderobe sein Körbchen hat. Und noch mal: »Wuofff!«

Das Auto ist ihm egal. Aber er will endlich Frühstück!

»Ja, ja, gleich, Dicker«, vertröstet ihn Yola eilig.

Erst mal muss sie Krümel trösten. Der brüllt immer lauter.

Aber er will sich nicht beruhigen lassen. Er brüllt auf Yolas Arm weiter, während die den Tisch deckt (einhändig) und Toast in den Toaster schiebt (natürlich auch einhändig).

Währenddessen tickt die große Uhr in der Küche vor sich hin. Bis es schon fast viertel nach sieben ist.

Um zwanzig nach sieben sitzen tatsächlich alle Bergmann-Ayubas am Küchentisch. Endlich! Auch Ada und Pupsi. Die Giraffe trägt einen dicken Schal und Ada guckt ganz stolz.

»Hab sie gesund gemacht!«, sagt sie.

Krümel nuckelt zufrieden an einer Brotrinde.

Endlich ist alles so, wie es sein soll.

Oder?

Moment!

Etwas stimmt nicht!

Kio rührt in seinem Kakao. Mittlerweile sind seine Gedanken wach, deshalb merkt er es als Erster.

»Wo ist eigentlich Paul?«, fragt er.

Yola lässt den Löffel ins Müsli fallen. »Der schläft noch!«

Sie springt auf und saust ins Kinderzimmer.

Yola muss Paul heute ganz schön lange die Füße kitzeln, bis er endlich aufwacht.

Und weil er immer noch so unglaublich müde ist, kann er nur leise nuscheln: »Brauch mein Schnuffeltuch!«

Aber im Bett ist es nicht. Auch nicht darunter.

Paul wird ganz rot im Gesicht und seine Unterlippe beginnt zu zittern.

»Sch-sch-sch, nicht weinen! Wir finden es schon«, sagt Yola möglichst sanft, obwohl es in ihr drinnen ziemlich ungeduldig kribbelt.

Immer dieses Chaos! Immer dieser Wahnsinn! Und das, bevor der Tag überhaupt so richtig angefangen hat!

Auch die anderen sind nicht begeistert, dass sie jetzt erst mal das verschwundene Schnuffeltuch suchen müssen und dass ihr Kaffee, Tee oder Kakao kalt wird.

Und dann weint auch noch Krümel wieder los!

Diesmal nimmt Felix ihn auf den Arm und versucht ihn zu trösten. Aber auch dort brüllt Krümel weiter.

Die anderen schauen überall nach dem Schnuffeltuch. Auch Schlupp hilft mit. Die Schnauze am Boden, schnüffelt er los. Aber er entdeckt nur Krümels Krümel von gestern Abend.

Ada sucht in der Spielzeugkiste, Kio unter dem Sofa, Yola im Papierkorb und Paul in seiner Nase.

Doch alles vergeblich.

Kein Schnuffeltuch weit und breit!

Kio stöhnt auf. »Paul, kannst du nicht einmal auf dein blödes Tuch aufpassen!«

»Kio!«, mahnen Felix und Yola im Chor.

»Mein Schnuffeltuch ist nicht blöd!«, ruft Paul. »Du bist blöd!«

»Blöd sagt man nicht«, sagt Ada.

»Wuoff!«, sagt Schlupp. Er hat jetzt wirklich keine Lust auf Streit.

Die anderen eigentlich auch nicht.

Ada macht ein nachdenkliches Gesicht.

»Und wenn du heute mal Pupsi mit in den Kindergarten nimmst? Dann bist du so nicht allein, so lange wir dein Schnuffeltuch nicht gefunden haben«, schlägt sie Paul vor.

»Ehrlich?« Paul macht große Augen. Normalerweise darf er Pupsi nicht mal anschauen, ohne dass Ada meckert.

Aber weil Paul so traurig ist, kann sie heute mal eine Ausnahme machen, findet Ada.

Yola wuschelt Ada durch die Haare. »Danke, Große!«, haucht sie ihr ins Ohr.

Und dann wird endlich gefrühstückt!

Äh … Nein. Doch noch nicht!

Gerade als Ada in ihr Marmeladenbrot beißen will und Paul sich Mandelmus auf den Teller kleckst, erklingt ein leises »Mau!«

Das war Mia. Aber wo steckt sie denn?

»Mau!«, macht sie noch mal.

In dem Moment hört Krümel auf zu meckern und fängt an zu glucksen und zu giggeln.

»Da!«, macht er, streckt sein Patschehändchen aus und zeigt auf den Küchenschrank. »Ma!«

Ganz hoch oben hat es sich die Katze bequem gemacht. Superbequem sogar.

»Die liegt auf meinem Schnuffeltuch!«, ruft Paul.

»Los, Mia gib Paul sein Schnuffeltuch!« Felix steht auf, recht und streckt sich und zieht vorsichtig an einem Zipfel.

Aber Mia faucht und haut mit ihrer Tatze nach ihm.

»Mein Schnuffeltuch!«, ruft Paul noch mal.

»Ach Paul. Kannst du nicht einmal ohne …«, beginnt Yola.

Doch Paul schüttelt entschieden den Kopf.

Da meint Kio: »Ist doch alles gut, Paul. Schau, Ada leiht dir Pupsi. Und Mia leiht sich so lange dein Schnuffeltuch. Kriegst es ja später wieder. Passt doch, oder?«

Einen Moment lang legt Paul seine Stirn in nachdenkliche Falten.

Aber dann nickt er. »Passt!«, sagt er.

Jetzt müssen alle lachen.

»Der ganz normale Wahnsinn!«, sagt Felix.

»Wuoff!«, sagt Schlupp.

Und das heißt vermutlich: »Wenn alles immer nur normal wäre, wäre es ja auch ganz schön langweilig!«

Opa
Oma
Jonathan
Emma

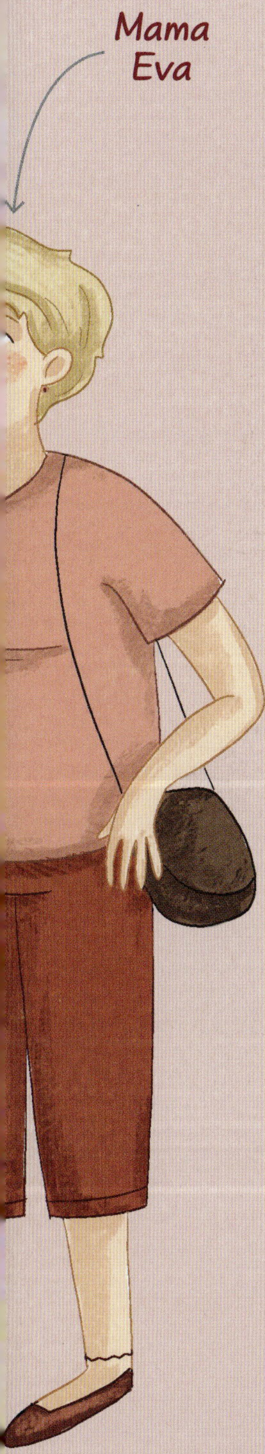

OMA KANN KRÄHEN WIE EIN HAHN

Jedes Jahr in den Sommerferien fahren meine Schwester Emma und ich (ich bin Jonathan) zu Oma und Opa. Sie wohnen ziemlich weit weg von uns. Die Autofahrt dauert Stuuunden. Schnarchlange, schnarchlangweilige Stuuuuuunden! Dafür bleiben wir dann aber immer richtig lange bei unseren Großeltern. Drei Wochen! Und zwar nur Emma und ich. Mama übernachtet nur ein Mal und fährt dann wieder nach Hause.

Bei Oma und Opa ist es einfach toll. Die wohnen auf dem Land. Also so richtig. Mitten in der Pampa! Im ganzen Dorf gibt es nur zehn Häuser oder so. Und der Garten unserer Großeltern ist riesig. Wie ein kleiner Park. Aber ein ziemlich wilder Park! Es gibt ganz viele Beerensträucher. Himbeeren. Johannisbeeren. Und Stachelbeeren. Oh, die lieb ich so! Und Omas Stachelbeerkuchen noch viel mehr. Auf der Wiese stehen Apfelbäume, Pflaumenbäume und ein riesiger Kirschbaum. Und in dem ist unser Baumhaus. Darin haben früher (also vor einer ewigen Ewigkeit) Mama und ihr Bruder gespielt. Wenn das Wetter schön ist, übernachten Emma und ich da auch manchmal. Und wenn wir nachts doch mal Bammel kriegen, müssen wir nur »Schuhuuuu!« machen. Das ist unser Geheimzeichen. Dann ist Opa ruckzuck da. Denn alte Leute schlafen nicht mehr so gut. Und dafür, dass er schon alt ist, ist Opa echt richtig schnell.

Unten, auf der Wiese, sitzen wir abends vor dem Lagerfeuer und machen Stockbrot und … Ach, und noch viel, viel mehr. Ferien bei Oma und Opa sind besser als jedes Ferienlager!

Letzte Woche, am Freitag, war jedenfalls wieder der Tag, an dem Emma und ich Mama und Papa am Gartentor verabschiedeten. Natürlich winkten wir ihnen wie immer extralange nach. Damit sie nicht dachten, wir würden sie gar nicht vermissen! Ein bisschen traurig waren wir ja auch wirklich. Ein kleines bisschen zumindest. Aber Oma und Opa machten einfach alles, damit wir keine Sekunde Zeit für blöde Gedanken hatten.

Also, normalerweise war das so.

Diesmal allerdings war alles ein wenig anders.

Es fing damit an, dass wir mit einer Karaffe voller Melissen-Limonade am Terrassentisch saßen und Oma plötzlich zu Emma sagte: »Bist du groß geworden, Evchen!«

»Äääh, Oma, ich bin doch Emma«, antwortete Emma.

Evchen, also Eva, das ist unsere Mama!

»Emma? Wer soll das denn sein?«, erwiderte Oma und sah ganz verwirrt aus und auch ein bisschen traurig. Dann aber lächelte sie auf einmal wieder. So, als wäre nichts gewesen, und guckte zu mir.

»Und Hugo. Wann hast du dir denn die Haare geschnitten? Wo sind denn deine schönen Locken hin?« Oma legte mir sanft die Hand auf den Kopf. Die war ganz kühl. Das merkte ich genau, denn meine Haare waren wirklich sehr kurz. Meine Sommerfrisur. Locken hab ich auch noch nie gehabt. Hugo heißt Mamas Bruder. Onkel Hugo eben. Der, mit dem Mama früher im Baumhaus gespielt hat.

Auch Opa sah jetzt traurig aus. »Liebes, das sind doch deine Enkelkinder. Emma und Jonathan! Erkennst du sie nicht mehr?«, fragte er.

Oma klappte den Mund auf. Sie sah immer noch total verwirrt aus. Trotzdem sagte sie. »Aber natürlich kenn ich euch! Was denkt ihr denn?« Das war aber eindeutig geflunkert. In dem Moment jedenfalls. Und dann lachte sie. Doch richtig fröhlich klang das nicht.

Damit diese komische Stimmung vorbeiging, sagte ich schnell: »Los, wir pflücken ein paar Kirschen! Die gibt es heute zum Nachtisch!«

Die Idee war klasse. Denn auf der Obstbaumwiese war Oma wieder so, wie wir sie kannten.

»Weißt du noch, der Sommer, in dem Eva geboren wurde? Wie viele Früchte da am Baum hingen?«, fragte Opa.

Oma lachte so sehr, dass ihre Augen glitzerten.

»Ooooh ja! Der ganze Keller war voller Marmelade. Und die gesamte Nachbarschaft haben wir mit Kirschen beschenkt!«

Oma hauchte Emma einen Kuss auf die Stirn und mich sah sie verschmitzt an. »Eurer Onkel Hugo war da gerade vier. Der hat nur Quatsch gemacht. Ständig mussten wir ihm hinterherrennen!«

Emma und ich schauten uns erleichtert an. Warum war Oma vorhin nur so merkwürdig gewesen?

Nach dem Abendessen saßen wir im Garten. Mit Kerzen auf dem Tisch und flackernden Fackeln im Gras. Oma verschwand mit ein paar leeren Tellern im Haus.

»Vorsichtig, ja, Liebes?«, rief Opa ihr nach.

»Klaro, Dickerchen.« Oma warf ihm eine Kusshand zu.

Emma und ich kicherten.

Und dann erklärte uns Opa, was es mit Oma auf sich hatte. Dass sie in letzter Zeit immer wieder etwas vergaß. Mal mehr, mal weniger. Manchmal verstand sie alles – und ein anderes Mal war sie total verwirrt und wusste nicht mal mehr, wer Opa war!

»Das ist ja schrecklich«, entfuhr es Emma und ich musste auch ganz schön schwer schlucken.

Opa seufzte. »So ist das mit dem Älterwerden. Bei mir knarzen und knirschen die alten Knochen. Und bei Oma …« Jetzt tippte sich Opa mit dem Zeigefinger gegen die Stirn. »Knirscht es hier oben.«

Emma schniefte und wischte sich schnell mit dem Arm über die Augen. »Das ist doch unfair«, sagte sie.

Opa aber lächelte. »Es ist, wie es ist. Umso wichtiger, dass wir uns um Oma kümmern und immer für sie da sind!«

Allerdings ist das manchmal gar nicht so leicht. Denn ab und zu ist das mit Oma schon ein bisschen anstrengend. Klar, sie meint es nicht böse. Aber wenn sie die gleiche Frage immer wieder stellt, egal wie oft wir schon darauf geantwortet haben, werden Emma und ich schon mal ein bisschen ungeduldig. Und wenn wir ungeduldig werden, wird Oma sauer. Oder traurig, das ist noch schlimmer. Weil sie ja selbst merkt, dass etwas mit ihr nicht stimmt. Opa weiß zum Glück meistens, was zu tun ist. Manchmal schnalzt er mit der Zunge, manchmal legt er Oma einen Arm um die Schultern und haucht ihr einen Kuss aufs Ohrläppchen. Und dann lächelt Oma wieder.

Emma und ich haben zum Glück auch ganz schnell kapiert, wie es mit Oma trotz allem schön und lustig ist.

Denn all die Sachen von früher, die weiß sie noch ganz genau! Im Garten zum Beispiel. Da kann sie uns alle Pflanzen erklären. Wir helfen ihr beim Unkrautzupfen und dürfen Erbsen direkt aus der Schote essen. Oder sie kräht zusammen mit uns und dem Hahn um die Wette. So, wie sie es früher mit Mama und Onkel Hugo gemacht hat. Oma kann nämlich wirklich krähen wie ein Hahn! Alle Hühner gucken dann immer ganz komisch. Und Oma kann ganz viele Geschichten von früher erzählen. Unglaublich, was Mama und Onkel Hugo alles angestellt haben! Dagegen sind Emma und ich gar nichts! Wenn Oma uns mal wieder mit den beiden verwechselt, dann ist das eben so. Und wenn sie ihre Brille sucht und wir sie im Kühlschrank finden oder sie Salz statt Zucker in die Pfannkuchen gibt, dann ist das eben auch so.

»Es ist, wie es ist«, wie Opa immer sagt.

Hauptsache, wir können unserer Oma noch so lange wie möglich zeigen, wie lieb wir sie haben.

Papa
Mama
Deniz
Malik

STERN UND MONDSICHEL

Malik und Deniz sind Zwillinge. Eineiige Zwillinge. Sie sind am selben Tag, in derselben Stunde und sogar fast genau in derselben Minute geboren. Deniz ist nur drei Minuten älter als sein Bruder. Und die beiden sehen ganz genau gleich aus! Beide haben schwarze Haare und braune Augen. Beide haben eine Stupsnase – mit dem genau gleichen Stups. Beide haben lustige Zehen. Nicht der große Zeh ist der Größte, sondern der daneben! Wenn Malik und Deniz das Gleiche anziehen, dann kann sie, selbst wenn sie nebeneinanderstehen und man ganz, ganz genau guckt, eigentlich niemand so richtig auseinanderhalten. Auch Mama und Papa müssen dann scharf nachdenken. Oder schnuppern! Mama sagt immer, sie kann riechen, wer wer ist. Aber ob das stimmt?

Nur eine Sache, die unterscheidet die beiden: ein kleines Muttermal hinter dem Ohrläppchen. Bei Malik sieht es aus wie ein kleiner Stern und bei Deniz wie eine Mondsichel. Aber das Geheimnis, das verraten Deniz und Malik nicht jedem!

Wenn einen alle verwechseln, kann man natürlich ganz schön viel Quatsch anstellen! Im Kindergarten hat sich Deniz einmal als Malik ausgegeben. Und Malik als Deniz. Das hat keiner gemerkt, nicht mal ihre besten Freunde! Dafür war es hinterher aber auch ziemlich schwer, zu beweisen, dass Deniz eigentlich doch Malik ist und Malik Deniz. Ihr streng geheimes Erkennungszeichen wollten die beiden schließlich nicht verraten!

Ein anderes Mal haben die zwei Maliks besten Freund Toni reingelegt. Wie in der Geschichte vom Hasen und vom Igel: Malik hat mit Toni ein Wettrennen gemacht und war die ganze Zeit ein ziemliches Stück hinter ihm. Toni ist jubelnd auf das Ziel zugelaufen, aber Malik war schon da! Total entspannt und ohne auch nur ein kleines bisschen zu schnaufen. Aber das war natürlich nicht Malik, sondern Deniz! Toni war erst mal eingeschnappt, aber dann haben sich alle drei kaputtgelacht.

Manchmal allerdings ist es gar nicht lustig, ein Zwilling zu sein. Erst vor Kurzem gab es mal wieder richtig Zoff.

Malik und Deniz saßen zusammen in ihrem Zimmer. Erst puzzelten sie, dann wollten sie Lego spielen.

»Los, wir bauen eine Ritterburg«, sagte Malik.

Aber Deniz schüttelte den Kopf. »Nee. Lieber ein Raumschiff!«

Malik verschränkte die Arme. »Du hast schon das Puzzle ausgesucht. Jetzt will ich bestimmen!«

»Pfff«, schnaubte Deniz. »Du bestimmst doch fast immer!«

»Ich bin ja auch älter«, sagte Malik.

»Die drei Minuten sind doch gar nix!«, protestierte Deniz.

Darüber hatten sie schon mindestens tausendmal gestritten. Auch diesmal waren sie schnell wieder sie so laut, dass Mama in der Tür stand.

»Was ist denn los?«, fragte sie.

»Der ist doof«, sagte Malik und zeigte auf Deniz.

»Der ist blöd«, sagte Deniz und zeigte auf Malik.

Dann erklärten sie Mama, warum sie aufeinander sauer waren.

»Dann baust du eben eine Burg, Malik. Und Deniz, du ein Raumschiff. Oder wie wäre es mit einer Burg mit Raumstation?«

»Pffff!«, schnaubte Deniz wieder. »Im Mittelalter gab's noch keine Raumschiffe.«

Dabei fand er die Idee eigentlich total cool. Aber er hatte absolut keine Lust, sich so schnell mit Malik zu versöhnen. Der sollte mal schön merken, wie doof er war.

Und Malik ging es da nicht anders. Er biss die Zähne zusammen und schüttelte den Kopf.

»Ich wünschte, wir wären keine Zwillinge! Dann hätte ich einmal meine Ruhe vor dir!«, presste er hervor.

»Und ich vor dir!«, sagte Deniz und raufte sich vor Wut die Haare. Die gleichen Haare, die auch Malik hatte.

Und in dem Moment hatte er eine Idee.

»Mama, ich will zum Frisör. Die Haare müssen ab! Dann sehe ich wenigstens nicht mehr so aus wie der da!« Er deutete auf Deniz.

Mama machte große Augen. »Ehrlich? Die coolen Locken. Überleg dir das gut!«

»Hab's mir schon überlegt«, sagte Malik bestimmt.

Nach einer Tasse Kakao und ein paar Keksen allerdings war sich Malik gar nicht mehr so sicher. Und sauer waren die Jungs da auch schon lange nicht mehr aufeinander. Aber einen Rückzieher machen konnte Malik jetzt doch auch nicht mehr, oder?

Als Malik und Deniz ein paar Tage später beim Friseur vor dem großen Spiegel saßen, seufzte Mama tief.

»Die coolen Locken!«, sagte sie noch mal.

Mick, der Friseur, aber lachte: »Die wachsen doch wieder. Kinder müssen sich eben auch mal ausprobieren! Und das glaub ich schon, dass es ab und zu nervt, wenn man immer verwechselt wird.«

»Und wie!«, sagte Malik.

»So was von!«, sagte Deniz.

»Na gut«, murmelte Mama und Mick griff nach der Schere.

Nun machte Malik doch lieber die Augen zu. Er hörte es nur das Schnipp. Und das Schnapp. Und wieder das Schnipp.

Deniz guckte dafür umso genauer hin. »Du siehst ja total anders aus!«, stieß er hervor, als Mick endlich fertig war.

»Wie ein richtig großer Junge«, staunte auch Mama.

Da traute sich Malik doch, zu gucken. »Wow!«, sagte er und grinste.

Deniz fuhr sich mit der Hand durch seine Locken. »Also ...«, begann er.

»Sag bloß, du willst auch kurze Haare?« Mick lachte. »Mach ich gerne, kein Problem!« Er warf seine Schere mit der linken Hand in die Luft, sodass sie im Flug einen Salto machte. Dann fing er sie mit der Rechten wieder auf. »Nur, weil ihr gleich ausseht, heißt das nicht, dass nicht jeder von euch etwas ganz Besonderes ist!«, meinte er.

»Sag ich doch auch immer«, sagte Mama. »Wer euch ein bisschen kennt, kann euch gar nicht richtig verwechseln. Höchstens mal für eine klitzekleine Weile. Wenn man nicht richtig aufpasst.«

Und dann erklärte Mama: »Malik zum Beispiel isst am liebsten Pizza. Deniz liebt Börek mit Spinat über alles.«

»Und ich kann superschnell rennen«, sagte Malik. »Deniz ist langsamer. Dafür kann er voll super klettern.«

»Ich finde Hunde toll«, sagte Deniz. Er grinste. »Am tollsten Zottel, den großen Bernhardiner, der neben uns wohnt.« Dann sah er zu seinem Bruder. »Und Malik mag Katzen!«

»Omas dicker Kater Knolle liebt mich«, stimmte Malik zu. »Und ich liebe ihn!«

Ihnen fielen noch so viele Unterschiede ein.

Maliks Lieblingsfarbe ist Rot, Grün ist Deniz' Lieblingsfarbe.

Malik mag keine Gurken, Deniz keine Kiwis.

Mick nickte zufrieden.

»Na seht ihr!« Dann zwinkerte er Deniz zu. »Also? Mit Locken oder ohne?«

Während Deniz noch überlegte, verpasste Malik ihm einen sanften Knuff.

»Los, trau dich. Die wachsen doch wieder!«, flüsterte er.

»Stimmt!«, sagte Mama, als Deniz' Locken, eine nach der anderen, zu Boden fielen. Und dann lächelte sie. »Für mich seid ihr sowieso einfach und für immer meine einzigartigen, tollen Kinder!«

Papa
Pit
Malou
Jakob
Mama
Paula
Emil

ALLES ANDERS

»Jakob, Paula, Pit! Kommt ihr mal? Wir müssen mit euch reden!«, rief Mama.

Jakob, er war der Älteste, guckte seine Schwester Paula ganz erschrocken an. »Haben wir was angestellt?«

Auch Paula schluckte. Mama klang ziemlich ernst. Aber eigentlich waren sie und Jakob den ganzen Nachmittag total brav gewesen. Sie hatten sogar mit ihrem kleinen Bruder Pit Memory gespielt. Obwohl das echt nervte. Denn entweder Pit gewann – oder sie mussten ihn gewinnen lassen, damit er keinen Wutanfall bekam und die Memory-Karten einmal quer durch das ganze Wohnzimmer pfefferte. (Ansonsten war Pit aber richtig süß! Süß wie ein Gummibärchen!)

Aber Mama war nicht sauer. Nur etwas aufgeregt.

»Da seid ihr ja!«, rief sie, mit roten Flecken auf den Wangen.

Auch Papa war ziemlich durch den Wind.

»Es ist etwas passiert.« Und dann erklärte er, dass sein Onkel Manfred gestorben war. Er war schon ganz alt gewesen, 93 Jahre. Und er hatte ein glückliches, schönes Leben gehabt.

»Aber traurig ist es natürlich trotzdem«, fügte Mama schnell hinzu.

»Nächstes Wochenende ist die Beerdigung. Da fahren Mama und ich hin.«, sagte Papa.

»Und wir?«, fragte Paula. »Wir dürfen nicht mit?«

Mama schüttelte den Kopf. »Geht nicht. Wir müssen ins Hotel. Zu fünft wird das viel zu teuer. Außerdem ist es eine lange Fahrt und …«

»Und wir bleiben allein zu Hause?«, unterbrach sie Jakob. »Wie cool!« Eine Sekunde später aber meinte er: »Mooooment. Uncool! Das heißt ja, dass ich auf die beiden Zwerge aufpassen muss!«

Mama lachte. »Und du bist kein Zwerg?«

»Ich bin elf!«, protestierte Jakob.

»Natürlich lassen wir euch nicht das ganze Wochenende allein zu Hause«, stellte Papa klar.

»Sondern?«, fragte Paula.

»Ihr verbringt das Wochenende bei Malou und Tim.«

»Die freuen sich schon riesig auf euch«, sagte Mama.

Malou war Mamas kleine Schwester, also Jakobs, Paulas und Pits Tante. Und Tim war Malous Freund. Die beiden waren erst vor Kurzem wieder hergezogen. Nachdem sie eine Ewigkeit durch verschiedene Länder gereist waren. Zu Fuß! Nur mit zwei Rucksäcken!

In Jakobs Bauch kribbelte es aufgeregt. Ein bisschen war es gute Aufregung. Schließlich waren Malou und Tim echte Abenteurer und hatten sicher ganz schön was zu erzählen. Andererseits kannte er

Malou und Tim gar nicht so richtig. Und bei denen sollte er ein ganzes Wochenende verbringen?

Auch Paula war skeptisch.

»Die haben doch keine Kinder«, sagte sie. »Die wissen gar nicht, wie das geht – also, mit uns!«

Pits Unterlippe fing an zu zittern.

»Ich will mit euch zur Beerbsigung!«

Schon wurde aus dem Zittern ein Schluchzen.

Papa nahm Pit in den Arm.

»Das heißt Beerdigung. Und wir versprechen euch hoch und heilig: Das Wochenende wird richtig toll!«

Mama hob ihre beiden Schwurfinger. »Mit Malou kann man ganz viel Spaß haben. Ich muss es ja wissen, schließlich ist sie meine Schwester!«

Na ja, und wenn Mama schon so richtig mit Fingern schwor, dann konnte es wirklich nicht sooo schlecht werden!

Bei Malou und Tim war wirklich alles anders als zu Hause. Das fing schon mal damit an, dass Mama und Papa keine Haustiere erlaubten. Was die drei Geschwister normalerweise ziemlich blöd fanden. Aber als sie an der Wohnungstür, ein riesiger, zotteliger Hund empfing, wichen die Kinder trotzdem erst mal einen Schritt zurück.

»Das ist Emil. Keine Angst, der will nur spielen«, sagte Malou.

Das sagen sie alle, dachte Jakob.

Aber er wollte ein mutiges Vorbild sein. Und außerdem wollte er sich schon gar nicht vor Malou und Tim blamieren. Also hielt er Emil mutig seine Hand zum Schnuppern hin. Und Emil leckte ihm gleich über die Finger! Total sanft und kitzelig.

Jakob musste lachen und er kraulte Emil vorsichtig. Da traute sich Paula auch. Und Pit wagte sich zumindest mit in die Wohnung. Ganz schnell an Emil vorbei.

»Ist das eng hier«, sagte Pit.

»Mann, Pit, voll unhöflich«, murmelte Jakob und rollte mit den Augen.

Aber Malou nahm es Pit nicht übel.

»Ach was«, winkte sie ab. »Wir brauchen nicht viel Platz. Und keine Sorge, Tim und ich schlafen heute auf dem Sofa. Das Schlafzimmer kriegt ihr.«

Und das sah wirklich gemütlich aus! Mit Matratzen auf dem Boden und einer bunten Lichterkette. Überhaupt war die ganze Wohnung ziemlich bunt! Und ziemlich voll. Überall lag irgendwelcher Krimskrams.

»Ihr müsst mal wieder aufräumen«, sagte Pit.

»Pit! Pssst!«, flüsterte diesmal Paula.

Doch Malou lachte wieder.

»Wir sind noch nicht ganz mit dem Einräumen fertig. Doch das wird schon.« Sie klatschte in die Hände. »Habt ihr Lust auf Kakao?«

Das hatten sie.

»Wir trinken den immer mit Hafermilch«, sagte Tim.

»Hafer gibt aber keine Milch. Der hat gar kein Euter«, sagte Pit.

»Na gut. Dann eben Hafer-Drink!«, erklärte Malou. »Schmeckt richtig lecker!«

»Nee. Mag ich nicht«, brummte Pit.

Malou knuffte Pit in die Seite. »Probier einfach mal, okay?«

Pit aber schüttelte weiter den Kopf. »Ich will den Kakao so, wie Mama ihn macht!«

Wieder begann seine Unterlippe zu zittern. Doch bevor er losweinte, hatte Malou einen Schokoriegel hervorgezaubert. »Magst du den?«, fragte sie.

Pit nickte und probierte. »Lecker!«

»So lecker wie der Kakao«, versprach Malou. »Der Riegel ist nämlich auch mit Milch ohne Euter.«

Und da traute sich Pit dann doch an den Kakao ran. Und weil der wirklich lecker war, hatte er dann auch ganz vergessen, dass er eben noch hatte weinen wollen.

Jakob und Paula bekamen natürlich auch einen Becher und dann machten sie es sich auf dem Sofa gemütlich.

Richtig gemütlich sogar – Emil sprang einfach zu ihnen und quetschte sich dazwischen. Er war so unheimlich nett und lieb und kuschelig, dass auch Pit ganz schnell keine Angst mehr hatte.

»Emil ist ein riesiges Flauschekissen«, sagte er.

»Er war früher ein Straßenhund. Deshalb ist er jetzt besonders dankbar«, sagte Malou.

»Wir haben ihn in Ungarn kennengelernt und dann alles getan, damit wir ihn mitnehmen konnten«, erklärte Tim.

Und dann erzählten sie von ihren vielen Reisen. Einmal quer durch ganz Europa. Nicht mal Pit quatschte dazwischen.

Zum Abendessen machten sie Pizza und dann guckten sie einen Film. Also, Jakob, Paula und die Erwachsenen guckten. Pit war schon beim Vorspann eingeschlafen.

Deshalb blieben Jakob und Paula auch einfach auf dem Sofa liegen. Und Emil auch.

»Ausnahmsweise müsst ihr heute Abend nicht die Zähne putzen«, flüsterte Malou, als sie alle vier gut zugedeckt hatte. »Aber nicht Mama verraten, ja?«

»Hier ist wirklich alles anders als zu Hause«, flüsterte Paula und kicherte.

Clara
Mama
Mami

DER ERSTE SCHULTAG

Clara schubste so eilig die Tür auf, dass die mit einem Rums gegen die Wand krachte.

»Mama! Mami! Aufwachen!«, rief sie.

Dabei waren Claras Mamas schon von dem Rums wachgeworden.

»Clara, was ist denn los?«, murmelte Mama.

Mami, die immer etwas länger brauchte, bis sie richtig wach war, öffnete langsam und mit einem Grummeln die Augen. »Mhhhhhgrrrrmpf.« Dann blinzelte sie Richtung Wecker. »Es ist noch nicht mal sechs Uhr, Liebes!«

»Aber ich kann nicht mehr schlafen«, sagte Clara. »Seit einer Eeeewigkeit nicht mehr!«

Sie war schon eine ganze Weile ganz leise im Wohnzimmer herumgeschlichen. Immer um ihre Schultüte herum. Wie verzwickt das gewesen war, nicht neugierig hineinzuschauen! Stattdessen hatte sie ihre neue Schultasche aus- und wieder eingeräumt. Und dreimal die Stifte in ihrem Mäppchen umsortiert.

Clara kroch zwischen ihre Mamas ins Bett.

»Zu aufgeregt, hm?« Mama zog Clara an sich heran und sie kuschelte sich an ihre Schulter.

»Ein bisschen«, sagte Clara und kicherte. Denn das war ziemlich geflunkert. Clara war so aufgeregt, dass es nicht nur in ihrem Bauch kribbelte. Auch in den Beinen, den Fingern. Sogar in den

Ohrläppchen! Deshalb strampelte sie sich auch schon wieder aus der Decke: »Los, auf jetzt! Waschen, Zähneputzen, Anziehen«, drängelte sie. So, wie ihre Mamas das sonst immer gemacht hatten. Also früher, als Clara noch ein winzig kleines Kindergartenkind gewesen war.

Doch jetzt war alles anders. Clara war ab heute ein Schulkind. Und vielleicht musste sie nun ab und zu auch mal ihre Mamas ein bisschen erziehen! Vor allem, wenn die nicht wussten, wie wichtig der erste Schultag war.

»Ist ja gut, Süße!«

Mama streckte sich. Mami schälte sich langsam aus der Decke.

»Aber erst mal Frühstück, oder?«, fragte Mama.

»Nee, keinen Hunger!« Clara schüttelte schnell den Kopf.

»Na gut, dann erst anziehen. Aber danach isst du was!«, sagte Mama. »Und pass dann auf, dass du dein Kleid nicht vollkleckerst!«

»Mann, ich bin doch schon groß«, machte Clara noch mal klar und rollte ein kleines bisschen mit den Augen.

»Welches Kleid willst du überhaupt anziehen?«, fragte Mami.

»Na das, das Laura auch hat. Das rote! Wir wollen heute genau gleich aussehen! Ich brauch auch noch die Spängchen mit den Katzen drauf. Die hat Laura auch. Und die lila Strumpfhose!«

»Aye, Frau Kapitänin«, sagte Mami und ging mit Clara in ihr Zimmer.

»Ich kümmere mich so lange ums Frühstück«, sagte Mama und verschwand in der Küche.

»Wo steckt das Kleid denn?«, fragte Mami. »Das müsste doch hier hängen!«

Sie zog ein Kleidungsstück nach dem anderen hervor. Vergeblich.

»Das muss hier sein!«, sagte Clara.

»Oder ...« Mami machte ein nachdenkliches Gesicht. »Verflixt!«, sagte sie dann. »Das ist noch in der Wäsche. Du hattest es doch auf Omas Geburtstag an!«

Sofort schossen Clara Tränen in die Augen.

»Aber ich brauch das Kleid. Laura und ich wollen heute Zwillinge sein. Damit jeder gleich weiß, dass wir zusammengehören!«

»Hm, da war nur so ein minikleiner Fleck drauf. Vielleicht kann ich den schnell mit der Hand rauswaschen!«

Mami flitzte Richtung Waschküche, Clara sauste hinterher.

»Und?«, fragte Clara, als Mami das Kleid aus dem Wäschekorb zog.

Die lächelte ihr zu. »Den krieg ich raus! Geh du schon mal zu Mama, die soll dich bürsten und dir die Spängchen in die Haare machen.

Also nichts wie ab in die Küche!

»Gleich!«, versprach Mama und trocknete sich die Hände ab. »Nur noch schnell den Tisch decken.«

Sie stellte eine Vase mit Gänseblümchen auf den Tisch und legte für Clara ein paar bunte Schokolinsen um den Teller herum. »Ist ja ein ganz besonderes Frühstück heute!«

Clara machte einen Freudenhüpfer. »Und wie!« Dann zupfte sie Mama am Schlafanzug. »Jetzt aber bürsten und die Spängchen!«

Also ab ins Bad!

»Nein, doch nicht die!«, rief Clara, als Mama die Spängchen mit den Sternen aus der Kiste holte. »Kätzchen, ich brauch Kätzchen!«

Mama musste noch ein bisschen wühlen, aber schließlich hatte sie eine Kätzchenspange. Und … kurz darauf noch eine!

»Perfekt!«, sagte Mama und klippte sie in Claras Haare.

»Das ziept«, schimpfte Clara. »Mami macht das viel sanfter!«

»Sei nicht so zappelig, dann ziept es auch nicht so doll«, erwiderte Mama.

Aber wie sollte man an seinem allerersten Schultag nicht zappelig sein? Erst recht, wenn es später und später wurde und einfach nichts so klappte, wie es sollte!

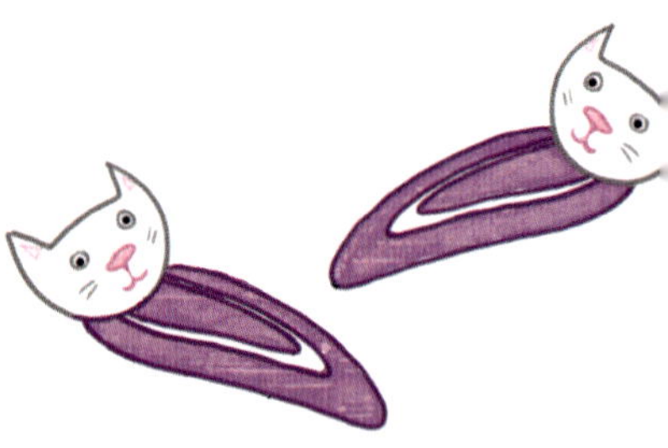

»Mist!«, schimpfte Mama jetzt nämlich auch noch. Obwohl sie sonst immer nörgelte, wenn Clara mal fluchte. »Das Kätzchen ist ab!«

»Dann müssen wir es kleben. Sofort!« Claras Augen brannten. Aber weinen wollte sie nicht – es sollte doch ein fröhlicher Tag werden. Aber wenn nun mal einfach alles schiefging?

»Und wenn du doch ein anderes Späng…« Aber weil Clara so energisch den Kopf schüttelte, sprach Mama den Satz gar nicht erst zu Ende.

Also zurück in die Küche und den Kleber aus der Schublade geholt.

»Geh ruhig zu Mami und schau, was das Kleid macht. Ich kümmere mich um die Spange«, sagte Mama.

Clara hatte jetzt einen richtigen Kloß im Hals.

»Und?«, fragte sie und guckte sich vorsichtig das Kleid an.

»Der Fleck ist weg!«, verkündete Mami.

»Das Kleid ist ja ganz nass. Das muss in den Trockner!«, sagte Clara.

Doch Mami schüttelte den Kopf. »Der Stoff ist viel zu fein. Das darf nicht in den Trockner. Außerdem dauert das zu lange. Ich …« Mami sah sich um und griff dann nach dem Föhn. »Ich versuch es hiermit! Aber sag mal, was ist denn mit deinen Spängchen?

»Kaputt. Mama muss sie kleben«, sagte Clara. Und jetzt konnte sie nicht anders, als ein bisschen zu weinen. »Alles geht schief. Das wird der schlimmste erste Schultag überhaupt. Dabei hatte ich mich so gefreut!«

Mami hauchte ihr einen Kuss auf die Stirn.

»Ach was, wir haben doch genug Zeit. Ein Glück, dass du uns so früh aus dem Bett geholt hast. Los, setz dich an den Frühstückstisch, trink einen Schluck Kakao. Wir kriegen das hin!«

»Versprochen?«, fragte Clara vorsichtig.

»Große, doppeltes Mama-und-Mami-Ehrenwort!«, sagte da Mama, die gerade zur Tür hineinspitzte. »Und den Föhn brauch ich dann auch mal, damit der Kleber trocknet!«

Clara kicherte. »Hoffentlich kriegen wir jetzt keinen Stromausfall!«

Nein. Es gab keinen Stromausfall. Und der Kleber klebte und das Kleid war trocken.

Clara konnte wieder lachen und nahm einen großen Bissen von ihrem Marmeladenbrot mit Schokolinsen. Aber ganz vorsichtig. Nicht dass wieder ein Klecks auf dem Kleid landete.

»Alles ist jetzt genauso wie bei Laura.« Zufrieden zählte Clara auf: »Das Kleid, die Spängchen, die Strumpfhose …«

Plötzlich aber hielt sie inne. »Halt! Eine Sache ist schon anders!«

Ihre Mamas sahen sie fragend an.

»Na, Laura hat eine Mama und einen Papa, die heute mit in die Schule kommen. Und keine zwei Mamas!«, sagte Clara.

»Und? Ist das schlimm?«, fragte Mama.

»Quatsch. Wieso das denn? Das ist superdupermegagut!«, rief Clara

Und dann ließ sie sich noch mal ganz fest von ihren Mamas kuscheln.

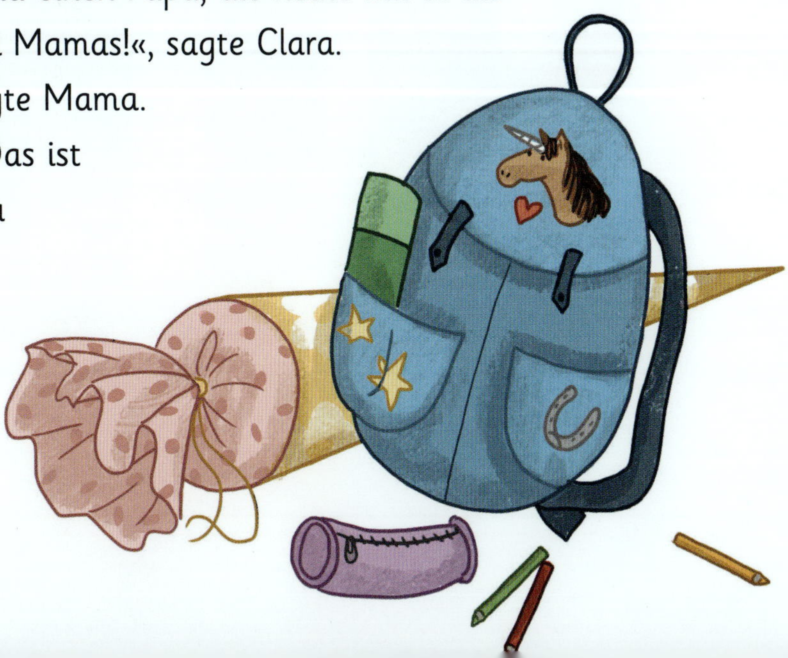

Papa
Mama
Moritz

MORITZ WILL EIN GESCHWISTERCHEN

»Und? Erzähl! Wie war's gestern mit deiner Ada?«, fragt Papa beim Mittagessen.

»Suuuuuuuuper!«, erwidert Moritz. Mit so vielen Uuuuuuus, wie in seinen Mund passen.

»So schön sogar?« Mama lacht. »Na, da sind wir aber froh!«

Papa schmunzelt auch. »Das heißt, du hast gar kein Heimweh gehabt?«

Moritz schüttelt den Kopf. »Nee! Kein winziges bisschen!«, sagt er. Er hat gestern das erste Mal bei seiner besten Freundin Ada übernachtet. Dann überlegt Moritz eine Sekunde. »Na gut. Beim Einschlafen hab ich kurz an euch gedacht. Weil ihr mir ja nicht Gute Nacht gesagt habt. Aber da hab ich dafür Wusel ganz fest gekuschelt.«

Wusel ist Moritz' Lieblingskuscheltier. Ein kleiner, dicker und ganz, ganz weicher Elefant.

Nun erzählt Moritz, was er bei Ada und ihrer Familie alles erlebt hat. Und das war einiges! Denn bei Ada ist immer was los. Sie hat nämlich drei Geschwister. Und einen Hund. Und eine Katze!

»Ada und ich wollten Pfannkuchen backen. Felix wollte unbedingt mitmachen. Aber statt richtig zu helfen, hat er immer nur vom Teig genascht. Und dabei so was von gekleckert! Das hat Schlupp aber einfach alles vom Boden aufgeschleckt. Und als wir mal nicht geguckt haben, hat Mia, das ist die Katze, auch versucht zu naschen! Und der kleine Krümel, der ist noch ein Baby. Der ist ja sooo süß. Und Adas großer Bruder, Kio, der …«

Moritz erzählt und erzählt. Und am Ende meint er: »Bei denen ist einfach immer was los. Das ist so cool, wenn man Geschwister hat! Kann ich nicht auch einen kleinen Bruder bekommen? Oder von mir aus auch eine Schwester!«

Mama seufzt. »Ach Moritz. Darüber haben wir doch schon so oft geredet.«

»Weißt du, es hat ganz lang gedauert, bis Mama mit dir schwanger war. Und irgendwann sind Erwachsene zu alt für kleine Babys«, sagt Papa.

»Aber das ist unfair«, findet Moritz. »Ich will nicht immer alleine sein!«

»Du kannst doch ganz oft zu Ada und mit ihr und ihren Geschwistern spielen. Ist doch toll, dass sie nebenan wohnt. Und wenn ihr mal eure Ruhe wollt, habt ihr hier bei uns ganz viel Platz«, sagt Mama.

»Pffff«, schnaubt Moritz. »Ich will eigene Geschwister. Ich will auch ein großer Bruder sein! Ada hat schon ganz oft auf Paul aufgepasst. Und sie kann sogar Krümel wickeln!« Moritz sieht seine Eltern flehend an. »Biiiiiitte!«, bettelt er.

Doch immer, wenn es um das Thema geht, wird seine Mama erst traurig und dann ungeduldig. »Moritz!«, sagt sie. »Es geht einfach nicht.«

Papa nickt. »Kommt, lasst uns über was anderes sprechen, ja?« Er lächelt Moritz aufmunternd zu.

»Nö!«, sagt Moritz und schiebt seinen Teller weg. »Hab keinen Hunger mehr. Ich geh runter. Spielen!«

Mama seufzt. »Aber bleib bitte im Hof, ja?«

»Hmpf«, grummelt Moritz und ist schon zur Tür raus.

Im Hof kickt Moritz seinen Fußball vor sich her. Aber das macht seine Laune auch nicht besser. Wenn er einen Bruder oder eine Schwester hätte, müsste er nicht allein Fußball spielen! Er ist jetzt sauer. Richtig sauer. Stinkemiefsauer! Und da hat er eine Idee. Er haut ab! Also, nur ein kleines bisschen natürlich. Gerade so weit und so lange, dass sich Mama und Papa um ihn Sorgen machen. So, dass es ihnen leidtut, dass sie so gemein waren. Dann überlegen sie es sich bestimmt noch mal mit dem kleinen Geschwisterchen!

Moritz war schon öfter allein draußen. Wenn er aus dem Hinterhof abbiegt, kommt er gleich in die kleine Fußgängerzone. Zum Bäcker, zum Kiosk und zum Gemüseladen darf er auch schon ganz allein gehen. Weiter allerdings nicht. Heute aber hält sich Moritz nicht an die Regel. Er biegt einmal ab, um die nächste Ecke herum. Aber er guckt sich die Häuser dabei ganz genau an. Damit er sich alles merkt und auch wieder zurückfindet.

Ein bisschen merkwürdig fühlt sich das schon an. Und gucken die Leute nicht schon komisch? Was wäre eigentlich, wenn die Polizei ihn erwischt, überlegt er. Ist das hier verboten? Kommt er … ins Gefängnis? Wegen Abhauerei?

Quatsch, denkt Moritz. Dann bringen ihn die Polizisten zu Mama und Papa zurück. Und dann … Auweia. Dann gibt es bestimmt Ärger und Moritz bekommt erst recht kein Geschwisterchen! Sein Herz macht einen erschrockenen Hüpfer.

Er sollte lieber schleunigst zurück nach Hause! Hoffentlich haben Mama und Papa noch nicht gemerkt, dass er aus dem Hof gehuscht ist. Moritz dreht sich auf der Stelle um. So eilig, dass er einem Herrn genau vor den ziemlich dicken Bauch läuft.

»Na, na, vorsichtig, junger Mann!«

Moritz murmelt eine Entschuldigung und geht schnell weiter. Aber … wohin bloß? Er hat doch so gut aufgepasst. Jetzt weiß er trotzdem nicht mehr, welche Straße richtig ist! Da lang oder dort lang?

»Mist«, murmelt Moritz. »Mist, Mist, Mist!« Obwohl es verboten ist, so viel zu fluchen. Aber manchmal muss es eben sein. Er senkt den Kopf und merkt, wie ihm eine Träne die Wange hinunterkullert.

BÜCHE
Stäbchen

»He, was ist denn los? Du bist doch der Junge von Elena und Michel, oder?«, erklingt da eine Stimme. Eine sehr nette Stimme. »Oje, Schnuffel, guck mal, der arme Moritz ist traurig.«

Moritz guckt auf. Vor ihm steht ein Mann mit einem Hund. Moritz fällt ein Stein vom Herzen! Er kennt die beiden. Sie wohnen im Nachbarhaus.

Der Mann ist sehr nett und ziemlich klein. Genau wie Schnuffel. Der Mann heißt Friedrich, das fällt Moritz jetzt wieder ein. Also mit Nachnamen. Herr Friedrich.

»Ich hab mich verlaufen.« Moritz schnieft sich schnell die Tränen weg.

Schnuffel stupst Moritz an und er krault ihm das weiche Fell.

»Aber jetzt sag mal, warum bist du denn so traurig?«, fragt Herr Friedrich. »Schnuffel und ich verraten es auch keinem, versprochen!« Er deutet auf eine Bank. Moritz setzt sich, Herr Friedrich nimmt neben ihm Platz. Schnuffel springt auf Herrn Friedrichs Schoß. Und während Moritz Schnuffel weiter die Ohren krault, erzählt er weiter. Nicht nur, dass er weglaufen wollte, auch, was vorher passiert ist. Vom Streit und dass er doch so gerne ein Geschwisterchen hätte.

»Verstehe, verstehe«, sagt Herr Friedrich und nickt.

»Boff«, sagt Schnuffel und wedelt mit dem Schwanz.

»Weißt du was? Ich hab zwar keinen Bruder für dich, aber eine Idee. Du darfst Schnuffel besuchen, wann du willst. Er ist ein richtig toller Freund. Und du musst ihn mit niemandem teilen! Das ist doch gerade das Gute, wenn man keine Geschwister hat, oder?«

Moritz überlegt einen Moment. Dann nickt er. »Das wär toll!« Aber dann überlegt er noch mal. »Aber … darf ich ihn vielleicht auch teilen? So ein bisschen, wenn ich mal mag? Meine Freundin Ada hat nämlich auch einen Hund. Vielleicht mag Schnuffel den auch?«

Herr Friedrich schmunzelt. »Gute Idee!« Dann steht er von der Bank auf und auch Schnuffel springt auf alle viere. »Aber jetzt bringen wir dich erst mal nach Hause, hm?«, sagt er. »Und keine Sorge. Du bekommst bestimmt keinen Ärger. Deine Eltern sind doch so froh, dass es dich gibt!«

Mama
Papa
Cookie
Fetsum

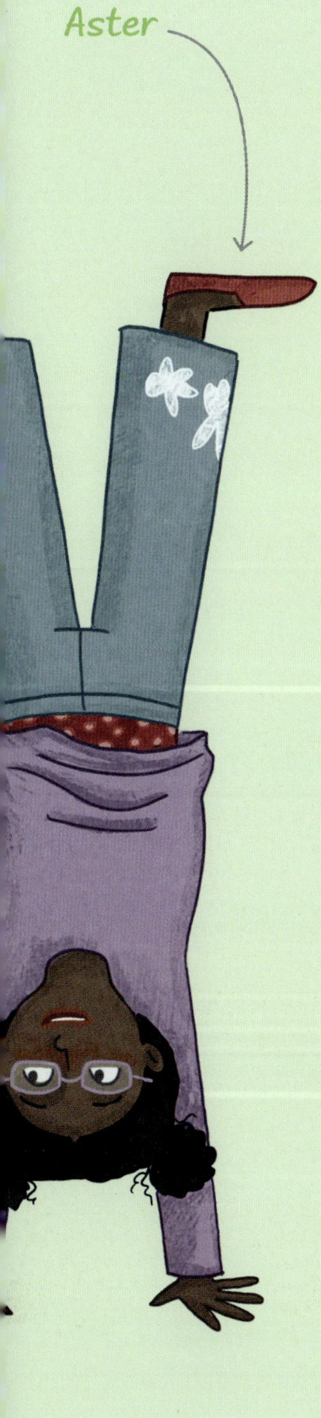

VATER, MUTTER UND ZWEI KINDER

Vater, Mutter und zwei Kinder. Das ist Familie Tesfay. Ach ja, und Kater Cookie gehört natürlich auch dazu. Alles total normal also. Obwohl? Was ist denn eigentlich normal? Vermutlich in jeder Familie ein bisschen was anderes!

Bei den Tesfays sieht ein ganz normaler Tag jedenfalls ungefähr so aus:

Papa steht als Erstes auf und macht das Frühstück. So lange ist Mama im Bad und wäscht sich und zieht sich an. Dann werden Fetsum und Aster geweckt. Das geht manchmal ganz schnell, aber meistens dauert es etwas länger. Am schönsten ist es, wenn Mama Zeit hat und beiden ganz sanft die Decke ein kleines Stückchen wegzieht und sie an den Füßen kitzelt. Dabei summt sie vor sich hin und flüstert ganz leise und liebevoll. »Aufwachen, ihr Schlafmützen!«

Am nervigsten ist es, wenn Mama es eilig hat,

ins Zimmer stürmt, das Licht anknipst, »Aufstehen, zack, zack!« ruft und ratternd die Rollläden nach oben ruckelt.

Leider ist meistens die eilige Variante normal.

Vor dem Frühstück bekommt Cookie sein Futter, dann lässt eins der Kinder ihn zur Balkontür raus.

Nach dem Frühstück gehen Mama und Papa los zur Arbeit und Fetsum und Aster gehen in die Schule. Dann gibt es Mittagessen. Meist kocht Mama, weil Papa noch auf der Arbeit ist. Dann Hausaufgaben, ein bisschen spielen, Abendessen (da kocht mal Papa und mal Mama) und dann heißt es ja auch bald schon wieder Gute Nacht.

Alles ganz normal. Und manchmal ziemlich langweilig! Da sind sich vor allem Fetsum und Aster einig.

Deshalb meint Fetsum heute, als am späten Nachmittag alle zusammen auf dem Sofa kuscheln und über alles Mögliche reden: »Das nervt! Immer ist alles gleich!«

Aster nickt. »Aber echt.«

Die Eltern schauen die beiden erstaunt an.

»Aber was sollen wir denn anders machen? Ihr müsst zur Schule, wir zur Arbeit. Die Hausaufgaben müssen erledigt werden, der Haushalt gemacht, das Essen gekocht …«, zählt Mama auf.

»Und abends sind wir müde und müssen ins Bett«, fügt Papa hinzu.

»Sag ich doch, langweilig«, mault Fetsum.

»Bald sind ja Ferien. Da haben Papa und ich auch Urlaub und dann machen wir was Schönes«, verspricht Mama.

Aber Fetsum und Aster wollen nicht so lange warten. Sie wollen, dass gleich etwas anders ist. Und Fetsum hat da auch schon eine Idee!

»Wir tauschen«, sagt er.

Alle gucken ihn verwundert an.

»Wie? Unsere Klamotten oder was?« Papa guckt schmunzelnd an sich hinunter. »Keine so gute Idee, oder? In meine Sachen passt ihr ja fünf Mal rein.«

Doch Fetsum schüttelt den Kopf. »Ihr macht das, was sonst wir machen, und umgekehrt!«

Aster prustet sofort los. »Genial! Papa und Mama gehen für uns in die Schule und wir auf die Arbeit.«

»Ach nee, das klappt natürlich nicht«, sagt Fetsum. »Aber der Rest schon. Alles, was wir so zu Hause machen!«

Mama und Papa sehen noch nicht ganz überzeugt aus. »Ihr wollt kochen? Und putzen?«, fragt Mama

»Unbedingt!«, sagt Aster.

»Und ihr dürft spielen«, erklärt Fetsum.

»Aber erst, wenn die Hausaufgaben gemacht sind«, stellt Aster klar und hebt den Zeigefinger und wackelt mahnend damit herum, wie es Mama manchmal tut.

Jetzt müssen auch Mama und Papa ein bisschen schmunzeln.

»Na, von mir aus«, sagt Papa und als auch Mama nickt, springen die Kinder vom Sofa auf.

»Also los, Hausaufgaben!«, sagt Aster. »Ihr müsst einen Aufsatz schreiben. Das Thema dürft ihr euch aussuchen!«

»Aber Quatsch ist auch erlaubt«, erklärt Fetsum. »Denn heute ist ja nichts normal!«

Und während die Eltern im Kinderzimmer über ihren Schreibblöcken brüten, kümmern sich Aster und Fetsum um den Haushalt.

Erst mal saubermachen.

Fetsum holt den Staubsauger aus der Abstellkammer, stöpselt ihn an und er röhrt los.

»Mann, ist das laut!«, ruft Fetsum.

»Vorsicht!«, ruft Aster. Aber da hat Fetsum schon einen Legostein aufgesaugt.

»Mist!«, schimpft er und macht das gurgelnde Ungetüm wieder aus.

»Das muss doch auch anders gehen«, überlegt Aster. »Nehmen wir lieber den Besen. Erst kehren und dann wischen!«

Kehren geht wirklich ganz einfach. Dass sie nicht jedes Staubkorn erwischen, ist ja auch nicht so schlimm. Und dann wird geschrubbt. Aster stellt den Putzeimer unter die Spüle und lässt heißes Wasser ein. Aber wie bekommt sie den schweren Eimer da wieder raus und auf den Boden, ohne alles auszuschütten?

Fetsum müht sich währenddessen mit dem Schrubber ab.

»Da klippt man den Lappen irgendwie rein ... Aua!«

»Genau, den Lappen. Nicht deinen Finger«, sagt Aster, kriegt es aber auch nicht besser hin.

»Normal wischen ist sowieso langweilig«, meint da Fetsum.

Aster nickt. »Stimmt. Wir machen das anders. So, dass es Spaß macht!«

Wenig später flitzen sie, mit Schwämmen unter den Füßen, über den Küchenboden.

»Wenn Mama das auch so machen würde, hätte sie viel mehr Spaß«, sagt Fetsum.

»Und nicht immer solche Rückenschmerzen«, sagt Aster.

»Huch, huch, huuuuuuch!«, ruft Fetsum da. Er kann nicht mehr bremsen und rumpelt gegen die Spüle.

»Alles klar bei euch?«, klingt es aus dem Kinderzimmer.

»Supersauberglasklar! Schreibt ihr mal brav weiter«, erwidert Aster.

Als der Boden glänzt (ein bisschen jedenfalls), ist es Zeit, das Abendessen zu kochen. Aber in der Spüle stapelt sich noch das Geschirr vom Frühstück und vom Mittagessen.

»Boah, abspülen nervt. Das dauert ja ewig«, stöhnt Fetsum.

»Schade, dass wir keine Spülmaschine haben«, sagt Aster.

»Oder einen Hund, der könnte die Teller einfach sauberschlecken«, sagt Fetsum kichernd. »Cookie kriegt das mit seiner Mini-Zunge ja nicht hin!«

Doch dann hat Aster eine Idee.

»Wir müssen später doch eh duschen«, sagt sie.

Fetsum verzieht das Gesicht. »Auch das noch!«

»Nee, voll praktisch! Das machen wir nämlich jetzt.«

»Und das Geschirr?«, fragt Fetsum.

»Na, das kommt mit!«

Als es im Badezimmer klappert und klirrt, erklingt erneut ein »Wirklich alles klar bei euch?« aus dem Kinderzimmer.

»Ja-ha!«, ruft Fetsum und dreht den Wasserhahn in der Badewanne an.

Es dauert zwar ein bisschen, bis sie alle Soßenreste aus der Wanne gewaschen haben. Dafür riecht das Geschirr total lecker nach Pfirsich-Shampoo.

Wenig später sind auch Fetsum und Aster blitzblank. Nun ist das Abendessen dran. Eigentlich sollte es Nudeln mit Tomatensoße geben. Aber fürs Soßekochen ist es jetzt schon ein bisschen spät. Dafür steht vom letzten Nachtisch noch Schokopudding im Kühlschrank.

»Nudeln mit Schokopuddingsoße. Das ist lecker und praktisch«, findet Fetsum. »Hauptgericht und Nachtisch gleichzeitig!«

Sie kochen die Nudeln, stellen die gespülten Teller auf den Tisch und dann rufen sie Mama und Papa. Aber die kommen nicht.

Als Fetsum und Aster nachsehen, liegen beide zusammengekuschelt in ihrem Bett! Sie schlafen tief und fest.

Die Geschwister sehen sich an.

»Jetzt wissen sie mal, wie anstrengend die vielen Hausaufgaben für uns immer sind«, sagt Aster.

Fetsum kichert. »Das bisschen Hausarbeit ist jedenfalls ein Klacks!«

Und dann machen sie sich schnell ans Abendessen. Und das schmeckt wirklich superlecker.

Papa Jonas
Papa Bas
Rico
Elena

FAHRRAD-RITTERINNEN

Es war der erste richtig schöne Frühlingstag. Der Himmel war blau. Nur ein paar winzig kleine Flauschewolken schwebten herum. Eine sah aus wie ein Hund. Eine andere wie ein Schwan. Und einen Dinosaurier gab es auch! Es war so warm, dass man im T-Shirt rausgehen konnte.

Deshalb wollten Elena und Rico mit ihren Papas Bastian und Jonas heute etwas Besonderes machen. Bastian wusste auch schon, was: Fahrrad fahren! Höchste Zeit, dass Elena und Rico es lernten, fand Bastian. Also, so richtig! Ohne Festhalten.

Und so standen die vier jetzt mit den Rädern im Hinterhof.

Elena trug ihre Ritterrüstung. Ihren Fahrradhelm hatte sie mit Fingerfarben silbern angemalt und mit Klebeband hatte sie eine rot leuchtende Feder drangeklebt. Natürlich war ihr Rad auch kein normales Fahrrad. Es hieß Rita und war ein Ritterinnenpferd!

Rico sah aus wie immer. Er trug T-Shirt, Jeans und seinen Helm mit den gelben Blitzen. Und während Elena nur so strahlte, schmollte Rico ein bisschen.

»Ihr werdet sehen. Wenn ihr den Kniff einmal raushabt, geht es ganz leicht«, versprach Bastian.

Jonas sah das etwas anders. »Ich weiß nicht … Sind die beiden nicht doch noch etwas zu klein?«, fragte er, mit einigen Runzeln auf der Stirn.

»Je kleiner man ist, desto schneller lernt man«, fand Bastian. »Ich

bin nicht klein!«, brummte Rico. »Aber Fahrradfahren ist trotzdem doof.«

»Ach was, das geht echt total leicht«, rief Elena. »Meine Freundin Clara hat das an einem Nachmittag gelernt!«

»Ja, und das wird so toll, wenn ihr ganz allein radeln könnt«, sagte Bastian. Er legte Jonas einen Arm um die Schultern und gab ihm einen Kuss. »Dann kaufst du dir auch endlich ein Rad. Oder du leihst dir zumindest mal eins. Und dann können wir endlich zusammen eine Radtour machen. Klasse, oder?«

Jetzt lächelte auch Rico vorsichtig. »Hm. Wär schon toll. Dann können wir alle zum Baggersee radeln!«

Jonas allerdings zuckte nur mit den Schultern. »Na, schauen wir mal.«

Bastian sah Jonas verwundert an. »Sag mal, was hast du eigentlich gegen Radfahren? Wenn ich so drüber nachdenke ... Ich glaub, ich habe dich noch nie auf einem Fahrrad gesehen!«

»Ich laufe einfach lieber«, sagte Jonas nur, wieder mit einem Schulterzucken, und Elena drängelte: »Können wir jetzt?«

Sie schnappte sich ihr Rad und Rico machte es ihr nach. Bastian war für Elena zuständig und Jonas für Rico.

»Also los! In die Pedale treten! Wir halten euch gut fest. Es kann gar nichts passieren«, rief Bastian. »Sehr gut, Elena. Weiter so!« Er musste Elena nur ein kleines bisschen stützen, den Rest machte sie schon ganz allein. Ritterpferd Rita wieherte begeistert und die kleine Feder auf Elenas Helm flatterte im Fahrtwind. Sie schaffte es quer über den Hof – und Bastian kam ganz schön ins Schwitzen! Oben, aus einem der Fenster, guckte ihnen ein Nachbar zu und klatschte Beifall.

Rico fuhr ziemlich wackelig. Er schwankte nach links, schlenkerte nach rechts, strampelte aber trotzdem tapfer weiter.

»Vorsichtig! Vorsicht!«, mahnte Jonas. »Und lieber etwas langsamer!«

»Wenn er langsamer fährt, wackelt das noch mehr«, rief Bastian ihnen zu. »Los, Rico, trau dich. Jonas hält dich!«

Rico trat in die Pedale, so gut er konnte. Er geriet ziemlich ins Schlingern. Es passierte nichts, aber trotzdem wurde Ricos Gesicht vor Schreck ganz rot. »Fahrradfahren ist doof«, sagte er. »Ich hab keine Lust mehr!«

»Ach was, noch ein Versuch«, sagte Bastian. »So schnell gibt ein echter Ritter nicht auf.«

»Ich bin kein Ritter, ich bin nur ein Rico«, stellte Rico klar.

»Ja, und wenn er doch nicht mag – dann muss er auch nicht, oder?«, fand Jonas. Dann riss er die Augen auf. »Bastian! Halt doch Elena fest. Sie fällt noch hin!«

Denn die fuhr gerade ganz alleine – ohne dass Bastian nebenherlief. Ganz ohne Wackeln ging das zwar nicht, aber Elena lachte dabei und Rita wieherte auch wieder begeistert.

Plötzlich kippte Rita langsam um. Wie in Zeitlupe. Elena konnte gar nichts dagegen machen. Sie kippte einfach mit um. Ebenfalls in Zeitlupe.

»Nichts passiert. Ich versuch's gleich noch mal«, rief Elena sofort, rappelte sich vom Boden auf und klopfte sich kichernd die Knie sauber.

Bastian zeigte ihr den nach oben gereckten Daumen. »Klasse!« Dann wandte er sich Rico zu. »Und du?«

»Ich glaube, wir warten, bis er noch ein paar Zentimeter gewachsen ist«, sagte Jonas.

Rico sagte gar nichts. Er guckte nur zu Boden und schniefte.

In dem Moment schaute Bastian Jonas ziemlich schief an. »Sag mal, kann es sein, dass du mehr Angst hast als Rico?«

»Ich hab keine Angst«, verteidigte sich Rico. »Ich hab nur keine Lust! Fahrradfahren ist doof. Superdoof!«

Jonas verschränkte währenddessen die Arme. »Ich … Also … Äh …«

»Kann es sein …«, fuhr Bastian fort. »Dass du vielleicht überhaupt nicht …«

»Ja, ist ja gut, ich geb's zu!«, kam Jonas ihm da zuvor. »Ich kann nicht Rad fahren! Ich hab es nie richtig gelernt. Und jetzt … jetzt ist es auch zu spät. Aber was soll's. Ich kam bisher ja auch ganz gut ohne zurecht.«

Elena und Rico machten nun ganz schön große Augen.

»Du kannst es nicht? Ehrlich?«, fragte Elena.

»Aber alle Großen können Rad fahren!«, sagte Rico.

»Fast alle«, verbesserte Jonas etwas eingeschnappt.

»Dann musst du es lernen«, sagte Rico. »Sonst kannst du bei unseren Radtouren ja gar nicht mitmachen. Und wir wollen doch nicht ohne dich an den See!«

»Genau. Du musst mit!«, fand auch Elena.

»Ich hab Durst. Machen wir eine Pause?«, erwiderte Jonas nur.

»Eine ganz kurze!«, sagt Rico bestimmt. »Aber dann musst du es versuchen. Du willst doch unser Vorbild sein!«

Und da musste Jonas schmunzeln. Ob er wollte oder nicht. »Hm … Na ja … Da hast du natürlich recht.«

Bevor der Unterricht nach der Verschnaufpause weiterging, rief Elena: »Stopp! Ihr habt was vergessen!«

Sie holte noch mal die Fingerfarben und – schwups – wurde Ricos Helm zum Ritterhelm. Und der von Jonas auch! Also eigentlich

war es Bastians Helm. Jonas hatte ihn sich geliehen, einen eigenen hatte er noch nicht.

Dann konnte es losgehen. Jonas stieg auf und gab sich große Mühe.

»Au weh, ich kann gar nicht hinsehen!«, rief Bastian lachend, als Jonas loswackelte.

»Du schaffst das, Papa!«, rief Elena und klatschte in die Hände.

»Los, trau dich!«, rief Rico.

Aber oje! Einen Moment später plumpste Jonas einfach um. Mitsamt Fahrrad. Wie ein Kartoffelsack.

»Und wieder aufsteigen. Und gleich weiter!«, sagte Bastian, als er Jonas aufhalf.

Jonas fiel noch ein paarmal um, aber er wurde immer besser – und stolzer.

»Jetzt brauche ich aber eine kurze Pause«, schnaufte Jonas irgendwann. »Bitte!«

Und nun war Rico dran. Auch er wackelte immer weniger hin und her. Er biss einfach die Zähne zusammen und trat fest in die Pedale.

»Ich halte dich auch fast gar nicht fest«, rief Bastian, der nebenherrannte und schwer atmete. »Du machst das beinahe allein.«

»Lass einfach los!«, rief Rico. »Ich schaff das!«

Und so war es auch. Rico fuhr und lachte. Quer über den ganzen Hof. Grinsend guckte er zu Jonas.

»Siehst du! Du brauchst gar keine Angst haben! Das ist babyeierleicht!«

»Ich freu mich schon auf unsere Radtour«, rief Jonas zurück.

Oma
Uta
Jette
Leni

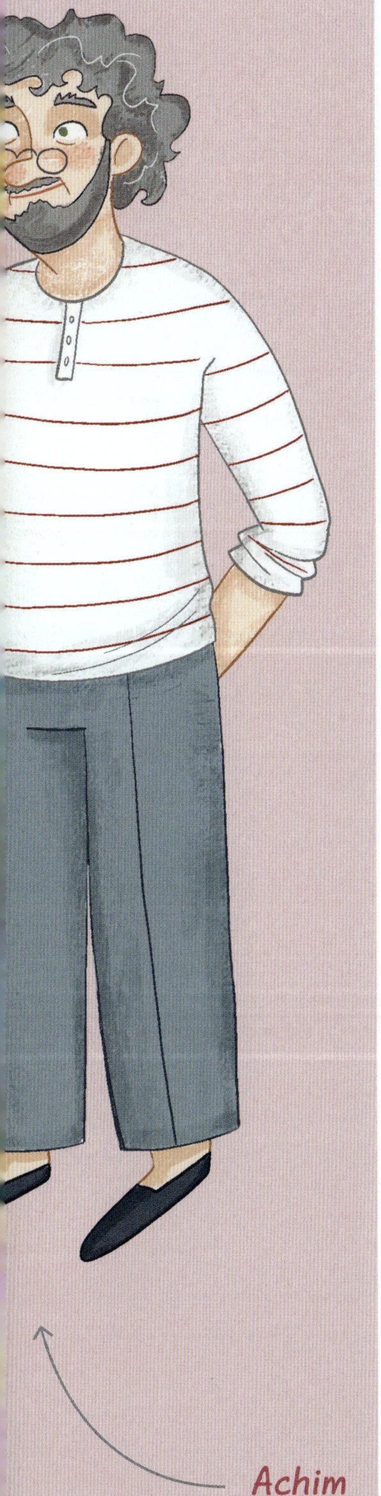

Achim

OMAS WG

Als Leni die Stufen vor der Kita hinunterhüpft, sieht sie Oma schon von Weitem. Vor lauter Freude hüpft sie zwei Stufen auf einmal.

»Was machst du denn hier, Omi?« Leni rennt los und umarmt ihre Oma.

Hinter Leni erklingt ein weiterer begeisterter Omi!-Ruf.

Es ist Lenis kleine Schwester Jette.

»Omiiiiiii!«, jubelt Jette noch einmal.

»Kommt mal her«, sagt Omi und breitet die Arme aus. Lange und lieb umarmt sie Jette und Leni. Sie lächelt, aber irgendwie anders als sonst. Ihre Augen lächeln nicht mit. Sie glitzern verdächtig. Leni versteht sofort, dass etwas nicht stimmt. Schließlich ist sie schon fast sieben!

»Ist was passiert?«, fragt Leni deshalb.

Oma nimmt Lenis Hand und auch die von Jette und hält sie ganz fest. »Mama und Papa sind im Krankenhaus. Sie hatten einen Autounfall. Ein anderes Auto ist in sie hereingekracht. Am Ende eines Staus, auf der Autobahn.«

»Ist es schlimm?« Lenis Herz macht einen ängstlichen Hüpfer.

»Ich weiß es nicht genau. Die vom Krankenhaus konnten mir noch nicht so viel sagen. Die Ärztinnen kümmern sich jedenfalls um sie«, sagt Oma.

»Na, dann sind sie ganz bald wieder gesund«, sagt Jette. »Dafür sind Ärztinnen ja da.«

Und da nickt Oma. »Ja. Natürlich!« Sie wischt sich schnell mit der Hand über das Gesicht und schüttelt sich ein bisschen. »Bestimmt ruft uns bald jemand aus dem Krankenhaus an. Dann können wir Mama und Papa besuchen.«

Jette nickt zufrieden. »Na, dann ist ja gut!«

Leni ist sich da noch nicht ganz so sicher. Also, ob wirklich alles gut ist. Dafür ist Omas Lächeln nach wie vor ein bisschen zu wackelig.

»Omi, du kannst uns alles sagen. Wir sind schon groß«, sagt sie.

Da lacht Omi, drückte erst Leni und dann Jette noch einmal ganz fest an sich und sagt: »Jetzt fahren wir in die WG! Achim und Uta freuen sich schon riesig auf euch!«

Opa lebt schon länger nicht mehr. So lange, dass Jette ihn gar nicht kennengelernt hat. Und Leni kann sich fast gar nicht an ihn erinnern. Sie kennt den Mann mit grauen Haaren und dem netten Lächeln vor allem von den vielen Bildern in Omas Wohnung. Aber Omi wohnt auch ohne Opa nicht allein. Sondern eben in der WG. Das heißt Wohngemeinschaft und bedeutet, Omi lebt mit Leuten zusammen, mit denen sie gar nicht verwandt ist. Nämlich mit Uta und Achim.

Uta hat knallrote Haare und trägt immer ebenso roten Lippenstift. Und Achim hat wilde, silbergraue Locken und lächelt immer total verschmitzt. Als er heute die Tür öffnet, sieht sein Lachen aber auch so seltsam wackelig aus. Und Uta, die lacht dafür ein bisschen zu laut, findet Leni.

Sie merkt, dass es in ihrem Bauch etwas grummelt. Nicht nur, weil sie seit der Obstpause nichts mehr gegessen hat. Sondern auch, weil die Erwachsenen so tun, als wären sie und Jette kleine Babys. Na ja, ein bisschen anders ist es schon. Babys bekommen Brei zum Essen. Und Oma, Achim und Uta reden dafür um den heißen Brei herum!

Doch erst mal schluckt Leni die Grummelwut hinunter. Sie und Jette setzen sich auf das Sofa. Das ist so groß und weich, dass sie tief in die Kissen sinken. Als wären sie aus warmem Schnee. Hinter ihnen knistert und knastert ein gemütliches Feuer.

»Ich hab Kuchen gebacken. Mit extraviel Schokolade«, sagt Achim. Er stellt ihn auf den Tisch und Uta bringt eine Kanne voller Kakao.

Jette schlürft und schmatzt zufrieden. Leni stochert nur nachdenklich in ihrem Kuchen herum.

Omi legt ihr einen Arm um die Schultern. »Schmeckt es nicht, Kleine?«

»Ich bin nicht klein!«, sagt Leni da. Sie lässt ihre Gabel auf den Teller fallen. »Und ich will jetzt endlich wissen, was los ist!«

Sie sieht Oma an. »Werden Mama und Papa wieder gesund? Also, ganz sicher? Kannst du das schwören, hoch und heilig?«

Jette war eigentlich gerade dabei, sich die nächste Gabel mit Kuchen in den Mund zu schieben. Aber nun hält sie inne und guckt Omi gespannt an.

Die beißt sich auf die Lippen. »Ich hoffe es. Ich hoffe es so sehr! Mama muss operiert werden. Aber es ist nicht lebensbedrohlich, haben die Ärzte gesagt.«

»Was heißt lebensbedrohlich?«, fragt Jette.

»Na, dass das Leben bedroht ist. Dass man sterben kann«, sagt Leni.

»Aber Mama und Papa sterben doch nicht«, sagt Jette. Jetzt klingt sie ein bisschen sauer. »Die sind doch noch gar nicht alt!«

»Bestimmt ruft gleich jemand an und sagt, dass alles gut ist! Macht euch einfach keine Sorgen, ja?«, sagt Omi wieder.

Doch dafür gehen Leni jetzt viel zu viele Gedanken im Kopf herum. »Es kann aber schon sein, dass Leute sterben. Auch, wenn sie noch gar nicht alt sind«, sagt sie.

»Quatsch«, meint Jette.

»Nun …«, wirft Achim ein. Auch er hat seinen Kuchenteller beiseitegestellt. »An sich kann jeder sterben. Immer.«

»Sogar Kinder?«, fragt Jette mit großen Augen.

»Nicht so oft, aber schon manchmal«, antwortet Uta.

»Aber was machen wir denn, wenn Mama und Papa sterben? Dann sind wir ja ganz allein!«, sagt Jette.

»Jetzt hört doch auf damit«, sagt Oma. »Vielleicht dauert es ein bisschen, bis Mama und Papa wieder so richtig gesund sind. Aber sie werden nicht sterben.«

»Sterben ist doof«, murrt Jette. »Da sind nur alle traurig!«

»Ja, weil man den Menschen so doll vermissen muss«, sagt Leni. »Vermisst du Opa?«, fragt sie dann Omi. »Weil … du lachst ja auch ganz oft und so.«

»Nur, weil man traurig ist, heißt das ja nicht, dass man nie mehr fröhlich sein kann. Ich war lange sehr, sehr traurig. Aber nun kann ich mich über das freuen, was mit Opa schön gewesen ist. Und ein bisschen ist es ja auch gut, dass man jemanden vermisst.«

Uta nickt. »Das bedeutet schließlich, dass man den Menschen ganz, ganz lieb hat. Dann kann man dankbar sein, dass man eine schöne Zeit miteinander hatte.«

»Aber je jünger jemand stirbt, desto schlimmer ist es natürlich«, wirft Achim ein. »Wenn jemand alt ist und ein tolles Leben hinter sich hatte, dann ist es irgendwann auch in Ordnung, zu sterben.«

Leni schluckt schwer. »Wenn Mama und Papa sterben, wäre ich jedenfalls nur noch traurig. Für immer.«

»Und … und wenn du mal stirbst, Omi?«, fragt jetzt Jette.

»Am schönsten wäre es, wenn sich alle drüber freuen, dass sie so eine lange, lustige Zeit mit mir hatten«, sagt Omi. »Aber ich weiß schon. Ganz so einfach ist das alles leider nicht.«

Da hebt Uta ihre Teetasse. »Auf jeden Fall muss man sich über jeden Tag freuen, den man miteinander hat!«

»Auf das Leben!« Auch Achim hebt seine Tasse.

»Auf das Leben!«, sagt Omi.

Alle stoßen klirrend an. Und als Jette kleckert, lachen alle.

Und in dem Moment klingelt das Telefon. Kurz darauf ist klar: Alles wird gut. So richtig! Und sie dürfen auch sofort los, um Mama und Papa zu besuchen.

Leni jubelt vor Erleichterung los. Sie hört sich an wie ein wild gewordenes Huhn. Und Jette macht mit. Und dann auch noch Uta. Und Achim. Und Oma muss so lachen, dass ihr die Tränen nur so über die Wangen kullern. Zum Glück sind es fröhliche Tränen.

Mama
Lisa
Arthur
Papa David

DAS VERTAUSCHTE WOCHENENDE

Lisa und Arthur sind schon länger wach. Barfuß und in Schlafanzügen sitzen sie auf der Couch und gucken im Fernsehen das Kinderprogramm. Eigentlich dürfen sie das nicht. Aber weil Papa heute mal ausschlafen wollte, gibt es eine Ausnahme. Jetzt ist es schon fast zehn und aus Papas Zimmer ist noch immer nichts zu hören.

»Wenn Papa noch länger pennt, ist der halbe Samstag ja schon rum. Außerdem hab ich Hunger«, sagt Lisa. »Los, wir wecken ihn!«

Doch in dem Moment kommt ihr jemand zuvor.

Es klingelt an der Tür!

»Hm, vielleicht der Postbote?«, fragt Arthur.

Die Schlafzimmertür geht auf und ein zerzauster, zerknitterter und gähnender Papa stolpert heraus.

»Wer ist das denn um die Zeit?«, murmelt er.

»Es ist doch schon total spät«, sagt Arthur.

»Ich mach auf«, sagt Lisa, drückt sich schnell an Papa vorbei, saust zur Tür, öffnet sie – und macht große Augen.

»Mama?«

Mama kommt herein. Sie hebt Lisa ein kleines Stück vom Boden hoch und gibt ihr einen Kuss.

»Du hast ja noch gar nicht Zähne geputzt! Und gefrühstückt habt ihr auch noch nicht, oder?«

Sie guckt zu Papa. Lisa und Arthur merken genau, dass sie eigentlich nicht ihren Meckerblick aufsetzen will. Damit es nicht gleich wieder Streit gibt. Aber so ganz klappt das nicht.

»David, du wusstest doch, dass ich komme.«

»Aber …« Papa kratzt sich am Kopf. »Du kommst doch gar nicht. Also, ich meine, es ist mein Wochenende!«

»Quatsch«, sagt Mama. »Wir haben getauscht! Weil ich nächstes Wochenende mit Daniel bei seinen Eltern bin.«

Papa gähnt noch mal, streckt sich und guckt auf den

Kalender neben dem Schlüsselbrett. »Dann hast du wohl das falsche Datum gesagt.«

»Vielleicht. Oder du hast es falsch eingetragen«, sagt Mama. »Kommt, Kinder. Anziehen, waschen, schnelles Frühstück und dann los. Wir wollten doch diese schöne Wanderung machen.«

Papa verschränkt die Arme. »Und ich wollte mit den Kindern ins Schwimmbad. Du kannst doch jetzt nicht einfach hier hereinschneien und unsere Pläne durchkreuzen.«

»Ihr könnt ja nächste Woche ins Schwimmbad. Ich hab mich so auf den Ausflug gefreut und Daniel hat sich extra Urlaub genommen. Er wartet unten im Auto und …«

»Daniel … Na klar«, knurrt Papa.

Daniel ist Mamas neuer Freund und Papa hat außer »Hallo« und »Tschüss« noch kaum was zu ihm gesagt.

Lisa und Arthur finden ihn aber richtig nett.

Was sie dagegen gar nicht nett finden, ist, dass Papa und Mama jetzt schon wieder fast streiten! Das nervt!

Deshalb hat Lisa jetzt auch die Nase voll. Sie stampft mit einem Fuß auf den Boden auf.

»Hört jetzt sofort auf«, ruft sie.

»Aber echt«, stimmt Arthur ihr zu. »Wenn Lisa und ich streiten, gibt es immer Gemecker. Aber ihr macht das ständig!«

Mama und Papa gucken plötzlich ganz bedröppelt.

Mama murmelt eine Entschuldigung und Papa sagt: »Okay, dann geht ihr heute wandern und wir gehen nächstes Wochenende ins Schwimmbad.«

»Danke, David«, sagt Mama.

Natürlich könnten Lisa und Arthur jetzt einfach nur froh sein, dass der Mini-Zoff wieder vorbei ist. Sind sie aber nicht! Denn so soll das nicht weitergehen!

»Das ist so blöd, dass ihr euch immer aufteilen müsst. Warum können wir nicht mal alle zusammen was machen?«

»Liebes, du weißt doch. Mama und ich …«, fängt Papa an.

»Ja, ja, schon klar«, unterbricht ihn Lisa. »Ihr sollt ja auch nicht knutschen. Aber einfach wieder normal miteinander reden.«

»Genau! Und heute kommst du einfach mit, Papa«, sagt Arthur.

»Und Daniel?«, fragt Mama.

»Der auch! Was sonst«, sagt Lisa mit einem Augenrollen. »Wird doch Zeit, dass er und Papa sich mal ein bisschen kennenlernen. Ich glaube, die beiden würden sich gut verstehen.«

Papa klappt schon den Mund auf, um zu protestieren.

Aber Mama fasst ihn sanft an der Schulter. »Die beiden haben recht, David. Probieren wir es mal«, sagt sie.

Papa macht den Mund wieder zu. Er seufzt leise. »Na dann«, sagt er.

»Wow! Tolles Auto!«, sagt Papa, als er Daniels Cabrio sieht.

»Da flattern die Haare im Wind. Total cool!«, jubelt Arthur.

»Danke!«, sagt Daniel und lacht.

Auf der Rückbank quetscht sich Papa zwischen Arthur und Lisa. Dann geht es los. Zwar wirbelt der Fahrtwind wirklich die Haare durcheinander, sonst ist es aber ziemlich still. Zu still. Die Erwachsenen wissen nicht so recht, was sie sagen sollen. Außer so was wie: »Was für ein Wetter heute!«

Arthur und Lisa werfen sich stumme Blicke zur. Auweia, wenn das so weiter geht … Vielleicht hätte Papa doch einfach zu Hause bleiben sollen?

»Macht mal Musik an«, sagt Lisa und Mama dreht das Radio auf.

Zum Glück läuft ein cooles Lied nach dem anderen. Alle wackeln mit den Füßen und trommeln mit den Fingern einen Takt dazu.

So bringen sie die Fahrt doch ganz gut hinter sich. Als sie beim Wanderparkplatz aussteigen, sind alle schon gut durchgewackelt und nicht mehr ganz so steif.

♥

Trotzdem herrscht erst mal wieder Schweigen im Walde. Nur der Wind rauscht über ihnen in den Blättern der Bäume und der Kies knirscht unter den Schuhen. Aber das ist fast ein bisschen wie Musik und deshalb sehen eigentlich alle ganz zufrieden aus.

Oben in einem Baum sitzt ein Vogel. Nein, der sitzt nicht nur, der hämmert auch.

»Ein Specht!«, ruft Arthur.

»Ein Buntspecht!«, sagt Papa. »Wisst ihr, dass …«

»Och nee, Papa!«, unterbricht ihn Lisa. »Nicht wieder Biologieunterricht!«

»Biologieunterricht? Die Natur ist doch spannend!«, beharrt Papa.

»Aber wir sind doch nicht in der Schule«, sagt Lisa.

Daniel aber guckt Papa ganz interessiert an. »Ach ja, du kennst dich ja aus mit so was, das haben Lisa und Arthur schon mal erzählt.«

Papa nickt. »Ja, die heimische Natur ist sozusagen mein Hobby. Nur …« Er guckt übertrieben streng zu Arthur und Lisa. »Die beiden hören meine Geschichten nicht so gerne!«

»Ich aber schon«, sagt Daniel und lacht.

Und da lacht auch Papa. Er fängt an, zu erzählen. Vom Buntspecht, von Eichhörnchen, von Waldameisen und von vielem mehr.

Weil die Männer so viel reden, denken sie nicht mehr ans Wandern und fallen mehr und mehr zurück.

»Hm. Die brauchen uns ja gar nicht mehr«, sagt Mama. Aber sauer sieht sie nicht aus. Im Gegenteil. Sie schmunzelt in sich hinein.

»Machen wir jetzt immer alles zusammen?«, fragt Arthur.

»Dann kannst du doch einfach wieder bei uns einziehen!«

»Und Daniel?«, fragt Mama.

»Na, der auch«, sagt Arthur.

»Dann müsst ihr beiden euch aber ein Zimmer teilen«, sagt Mama.

Aber da schütteln Lisa und Arthur schnell ihre Köpfe.

Nein, es passt schon so, wie es ist. Ein paar Tage Mama und Daniel, ein paar Tage Papa und ab und zu alle zusammen.

»Und das nächste Mal«, sagt Lisa und lächelt, »kann Papa uns allen seine Geschichten erzählen.«

Mama Ella
Oma Hermine
Papa Lars
Lukas
Oskar

Opa Franz
Onkel Mick
Tom
Nina

FAMILIE KRACHMANN MACHT KRACH

Familie Krachmann hat ihren Namen nicht umsonst. Denn leise ist es bei ihnen selten. Aber wie soll das auch gehen, wenn so viele Leute unter einem Dach wohnen? Unter einem ziemlich großen Dach. Das Haus der Krachmanns hat drei Stockwerke:

Im Erdgeschoss wohnen Oma und Opa, die heißen Hermine und Franz. Im ersten Stock wohnt Lukas mit seinen Eltern Lars und Ella, seiner Schwester Nina und seinem Bruder Tom. Und obendrüber, da wohnt Mick. Onkel Mick, Mamas Bruder. Er hat keine Kinder, aber ein Riesenbaby! Ein Riesenbaby namens Oskar. Oskar ist ein Doggenmischling. Wenn er neben Lukas steht, geht er ihm bis zur Schulter! Aber so riesig, wie er ist, so gutmütig ist er auch. Ein echtes Kuschelmonster.

Klar, manchmal gibt es in so einer Großfamilie auch Zoff.

Aber meistens ist es toll, dass immer alle zusammen sind.

Und an dem Tag, an dem die Geschichte hier passiert ist, hatte Lukas erst recht keinen Grund, zu meckern. Überall in ihm kribbelte es vorfreudig und er konnte gar nicht anders, als die ganze Zeit vor sich hin zu grinsen.

Denn es war sein Vor-Geburtstags-Tag und Lukas war so gespannt auf den nächsten Tag!

Was er wohl für Geschenke bekommen würde? Und auf die Feier freute er sich so! Da ließ sich seine Familie jedes Jahr etwas anderes einfallen. Letztes Jahr zum Beispiel hatten sie eine Superheldenparty gefeiert. Jeder war ein anderer Superheld gewesen. Dafür hatte Oma die verrücktesten Kostüme genäht. Sogar eins für Oskar! Und im Jahr zuvor hatte ein wildes Ritterfest stattgefunden. Beim Essen gab es kein Besteck und jeder musste so viel schmatzen, wie er konnte. Und Oskar war an dem Abend ein Drache gewesen.

Aber was war wohl dieses Jahr los? Ob Opa schon dabei war, eine Torte zu backen? Und die Geschenke … wo Mama die wohl versteckt hatte? Und was für eine Überraschung hatten sich die anderen diesmal ausgedacht?

Auch wenn Vorfreude angeblich die schönste Freude war, Lukas hielt es vor Neugier nicht mehr aus. Er musste herausfinden, was die anderen geplant hatten. Deshalb schnappte er sich Oskar als Geburtstagsschnüffelhund und machte sich auf Spurensuche.

Bei Oma und Opa fing er an.

Ganz leise schlichen Oskar und er sich in die Wohnung. Vielleicht ertappte er Opa dabei, wie er den Kuchen verzierte. Oder Oma, wie sie ein Kostüm für das Fest nähte!

Allerdings schnarchte Opa auf seinem Lieblingssessel und Oma saß am Wohnzimmertisch und las Zeitung.

»Ist was, Schatz?«, fragte sie.

»Habt ihr nichts zu tun?«, fragte Lukas misstrauisch.

Oma lachte. »Hallo? Wir sind alte Leute. Da lässt man es etwas ruhiger angehen!«

Wie zur Bestätigung schnarchte Opa einmal laut auf.

»Aber ihr wisst schon, was morgen für ein Tag ist?«, meinte Lukas.

»Sonntag«, murmelte Opa schläfrig.

Oskar schüttelte sich und prustete durch die Nase. Anscheinend war er genauso verdattert wie Lukas.

»Na, mein Geburtstag!«, stellte Lukas klar.

»Ja und?«, fragte Oma. »Das heißt, morgen ist schon genug Trubel. Da lassen wir es heute lieber etwas ruhiger angehen!«

»Aber … Also …« Lukas wusste gar nicht, was er sagen sollte.

Schließlich pfiff er einfach nach Oskar und ging mit ihm aus dem Zimmer.

Er guckte lieber mal, was Mama und Papa machten.

»Du, wir haben gar keine Zeit!«, sagte Mama, während sie ihre Jacke anzog. Papa fischte den Autoschlüssel von der Kommode.

»Wir müssen ganz schnell weg!«

»Alles klar!«, sagte Lukas und lächelte zufrieden. Bestimmt mussten sich die beiden um die Geburtstagseinkäufe kümmern. Und so lange konnte er mit Oskar in Ruhe nach den Geschenken suchen.

»Wir müssen dringend zum Arzt. Papa hat sich geschnitten!«, sagte Mama allerdings und Papa hob seinen Daumen. Ein dicker Verband war dran.

»Klasse. Ausgerechnet heute«, stöhnte Lukas.

Da waren die beiden schon weg.

Was sollte das denn für ein Geburtstag werden?

»Komm, Oski, wir gehen zu Nina und Tom!«, sagte Lukas.

Und seine Geschwister? Machten einfach ganz ungerührt Hausaufgaben! Beide saßen am Küchentisch über ihren Heften.

»Wieso braucht ihr denn heute so lange?«, fragte Lukas.

»Hallo? Schule ist wichtig!«, sagte Tom.

Dabei musste Mama sonst immer dreimal drängeln, bevor er zu lernen anfing.

Und Nina guckte nicht mal von ihrem Heft auf!

»Und ihr habt heute wirklich nichts Besseres zu tun, als Hausaufgaben zu machen? Es ist doch Wochenende«, sagte Lukas.

Tom sah noch mal auf. »Nee, echt keine Zeit, Kleiner! Hab voll schwere Prüfungen nächste Woche. Sorry!«

Also lotste Lukas Oskar wieder aus der Küche und flüsterte in sein linkes Schlappohr: »Hier stimmt was nicht! Hausaufgaben am Samstag. Aber echt!«

Letzte Chance: Onkel Mick.

Oskar und Lukas stiegen die Treppen zur Dachwohnung hinauf.

Aber Mick war nicht da. Nur ein Zettel hing an der Tür. »An Lukas: Notfall im Friseursalon. Gehst du bitte eine große Runde mit Oskar und fütterst ihn? Tausend Dank!«

Na klasse. Mick war immer der, der die besten Ideen für die Überraschungspartys hatte. Und jetzt hatte der auch keine Zeit!

»Bin ich denn allen egal?«, fragte Lukas. Da verpasste Oskar ihm einen aufmunternden Stups.

»Ach, du meinst …« Plötzlich konnte Lukas wieder grinsen. »Das gehört alles zum Plan? Die tun nur so beschäftigt? Weil das die geheimste Überraschungsparty aller Zeiten wird?«

»Buoff«, sagte Oskar dazu.

Dann machte er einen Sprung und schnappte sich mit den Zähnen seine Leine von der Garderobe.

Am nächsten Morgen war alles still. Geburtstagsüberraschungsstill.

Oder schliefen alle noch?

Lukas schlich in die Küche. Aber da war kein Geburtstagstisch gedeckt. Im Wohnzimmer auch nicht! Und immer noch: alles still.

Schnell runter zu Oma und Opa. Die mussten doch schon wach sein! Aber auch da: nichts und niemand.

»Oma? Opa?«, rief Lukas.

Wieder kribbelte es in ihm, aber das fühlte sich ganz und gar nicht gut an. Was, wenn es diesmal gar keine Überraschung gab?

In dem Moment klingelte das Telefon. Lukas ging ran.

»Notfall im Keller. Schnell runter«, erklang eine Stimme.

Was war denn jetzt los? Lukas sauste aus der Wohnung und die Kellertreppe hinunter.

»Willkommen zum gruseligen Geister-Geburtstagsfrühstück!«, empfing ihn eine Zombie-Frau. Mama natürlich.

Auch die anderen Familienmitglieder waren Geister, Gespenster und Monster.

Oskar war ein echter Gruselhund.

»Coole Idee mit dem Keller, was?«, fragte Onkel Mick schmunzelnd. »So hast du diesmal gar nichts mitgekriegt!«

Und Tom verpasste ihm einen Knuff. »Reingefallen! Als du mit Oskar draußen warst, haben wir die ganzen Sachen schnell runtergeschleppt.«

»Gebacken hab ich schon gestern in der Früh«, erklärte Opa. »Das hast du voll verpasst.«

»Und die Kostüme«, sagte Oma. »Die hab ich letzte Woche genäht.«

»Damit es einmal klappt mit der Überraschung!« Mama wuschelte Lukas durch die Haare.

Dann war es aber höchste Zeit, dass auch Lukas in sein Kostüm schlüpfte.

Mama
Papa
Yuki

PLÖTZLICH GROßE SCHWESTER

Mamas Bauch ist so rund wie eine Melone. Aber viel, viel größer. Fast wie die Medizinbälle, die wir in der Schule im Sportunterricht immer haben. Diese riesigen, schweren Dinger, die oft so komisch riechen. Aber Mamas Bauch riecht natürlich nicht komisch! Der riecht total gut, fast wie ein Törtchen. Sie cremt ihn ganz oft ein. Das ist super für die Haut, weil die ist natürlich gespannt wie ein aufgeblasener Luftballon.

Selbstverständlich ist Mama nicht so dick, weil sie zu viel Torte oder Pizza gegessen hat (obwohl sie in letzter Zeit wirklich ziemlich viel verdrückt). In Mamas Bauch steckt mein kleiner Bruder. Aber nicht mehr lange. Jeden Tag kann er geboren werden, sagt Mama. Papa ist deswegen völlig von den Socken. Er will Mama eigentlich gar nicht mehr alleine lassen. Aber die winkt immer nur ab. »Ich bin nicht krank. Nur schwanger«, sagt sie. Und auch wenn sie etwas langsamer geht als sonst, hat sie keine Lust, zu Hause auf der Couch zu sitzen, bis mein kleiner Bruder sich bequemt, da rauszukommen.

Und deswegen wollen Mama und der kleine Schlumpf (für einen richtigen Namen wollen wir uns erst nach der Geburt entscheiden) mitkommen zu unserem großen Straßenfest, das heute stattfindet. »Dann kann der Schlumpf schon mit unseren Nachbarn feiern, bevor er überhaupt auf der Welt ist«, hat Mama gesagt.

Coole Idee, habe ich gedacht. Vielleicht kennt er dann auch schon meine Freundin Ella. Die wohnt mit ihrem Papa und ihrem Bruder Linus noch gar nicht so lange hier. Von den Bergmann-Ayubis bekommt der Knirps bestimmt auch was mit. Die hört man immer schon von Weitem und mit Ada, Paul, Krümel und Kio kann man so viel Spaß haben! Dann gibt es noch Lotte und ihre Schwester Jule. Jonathan und Emma. Die Zwillinge Malik und Deniz, Moritz, der so oft auf den Hund von Herrn Friedrich aufpasst … Also kein Zweifel, dass es dem Schlumpf auf der Welt gefallen wird. Und alle meine Freundinnen und Freunde haben schon gesagt, dass sie total gerne babysitten würden!

Als Mama, Papa und ich zum Straßenfest kommen, sind schon alle da. Überall stehen Bierbänke und Tische, es gibt Buden, an denen wir Kinder basteln und malen können. Schminken geht natürlich auch! Es

gibt ganz viel zu essen. Jede Familie hat etwas gekocht und mitgebracht. So kann man sich einmal durch die ganze Nachbarschaft mampfen! Genial, oder?

Auch Mama lässt es sich schmecken und sie isst natürlich auch wieder für den Schlumpf mit.

»Hui, der hat Spaß«, sagt sie lachend und hält sich den Bauch. Tatsächlich strampelt mein kleiner Bruder so sehr, dass man es richtig sieht. Mamas Bauch kriegt Beulen!

In dem Moment sehe ich Lotte und Ella. Ella sitzt auf Lottes Schoß. So wird Lottes Superflitzer zum Straßenfest-Taxi! Ich will gerade rübersausen, da verzieht Mama auf einmal das Gesicht. Sie hält sich den Bauch mit beiden Händen. Und auf einmal – platsch! – ist unter ihr eine riesige Pfütze.

Zuerst denke ich, dass Mama gepinkelt hat, aber dann kapiere ich:

Das ist die Fruchtblase, also, die ist geplatzt. Und das heißt, das Baby kommt!

Zum Glück sind ganz viele hilfsbereite Leute drumherum. Wahrscheinlich haben schon mindestens zwanzig von ihnen ein Taxi bestellt.

Ich halte Mamas Hand. Aber die sieht gar nicht erschrocken aus, sondern lächelt mich an. »Keine Panik. Die Schmerzen gehören dazu. Ohne Wehen kommt unser kleiner Schlumpf ja gar nicht aus meinem Bauch heraus«, sagt sie. »Und es wird doch höchste Zeit, dass wir ihn persönlich kennenlernen.«

Endlich kommt Papa zurück. Der wollte Mama eigentlich nur an einer Bude etwas zu trinken kaufen. Natürlich hat er schon gehört, was los ist. Jetzt zappelt er wieder ganz nervös rum. »Geht es dir gut? Kann ich was für dich tun?«

»Na klar, die Tasche aus der Wohnung holen«, sagt Mama.

»Herrje! Die Tasche!« Schon ist Papa wieder weg.

Und dann ist er auch schon wieder da. Aber das Taxi ist noch nicht angekommen.

»Da ist wohl ein Unfall auf der Zufahrtsstraße«, sagt jemand. »Das Taxi muss einen Umweg fahren.«

Mittlerweile schwitzt Mama. Sie läuft ein bisschen herum, stützt sich zwischendurch am Tisch ab und atmet immer wieder schwer. »Also, ich hab irgendwie das Gefühl, als ob der Schlumpf nicht mehr warten will.« Sie guckt sich um. »Ist es irgendwo ein wenig ruhiger? Und ist Yola auch da?«

Adas Mama, also Yola, ist Hebamme. Sie hilft Müttern und Babys bei der Geburt. Ich weiß, wo sie steckt. Und ich weiß auch, wo Mama ungestört ist und es sich richtig gemütlich machen kann. Im Lesezelt! Da sind überall Matratzen und Kissen, wenn sie sich mal ausruhen will. Und man kann das Zelt mit einem Reißverschluss zuziehen. Dann guckt auch keiner.

»Tolle Idee«, presst Mama hervor, sie lächelt mich dankbar an und gibt mir einen Kuss. Und dann kommt schon wieder eine Wehe.

Papa legt den Arm um Mama und ich will gerade zu Yola düsen, als die schon um die Ecke biegt.

»Scheint so, als will der Schlumpf unbedingt hier auf die Welt kommen«, sagt Mama. »In unserer tollen Nachbarschaft!«

Mama wirft mir noch einen Luftkuss zu und dann sind Papa, Yola und Mama auch schon im Lesezelt verschwunden.

»Krass, gleich bist du eine große Schwester«, sagt Lotte. »Ab jetzt ist alles anders«, sagt auch Ella.

»Ja? Echt?«, frage ich.

Doch ich weiß gar nicht, ob ich will, dass alles anders ist.

Jetzt war doch neun Jahre lang fast alles gleich. Was, wenn Mama und Papa so viel mit dem Schlumpf zu tun haben, dass sie gar keine Zeit mehr für mich haben?

Oder was, wenn das Baby die ganze Zeit nur schreit?

Was, wenn es mich nicht mag? Mögen denn alle Babys ihre großen Schwestern?

»Logo!«, sagt Ella, als ich die Frage laut ausspreche. »Am Anfang sind die auch total süß. Erst so mit vier, da nerven sie total!«

»Alle Geschwister nerven mal«, sagt Ada. »Aber dafür ist es auch nie mehr langweilig.«

So richtig beruhigt bin ich noch nicht. Dabei hatte ich mich jetzt doch eigentlich so lange auf den Schlumpf gefreut.

Aber man kann doch auch so viel falsch machen mit einem Baby. Was, wenn ich es füttere und es verschluckt sich? Oder wenn es mir runterfällt! Oder ... Oh Mann, tausend doofe Sachen fallen mir auf einmal ein. Aber ich spreche sie nicht laut aus.

»Wie lange dauert das denn noch?«, murmele ich nur.

Da setzt sich eine von Claras Mamas zu uns. Auf einem Tablett hat sie kleine bunte Becher mit duftendem, süßem Tee.

»Na, freust du dich auf den Schlumpf?«, fragt sie und schaut mich erwartungsvoll an. So, als ob sie nur eine Antwort erwartet: ein dickes JA.

Ich kann aber nur schwer schlucken. Verflixt, ich bin schon jetzt die mieseste große Schwester der Welt!

Doch dann erzählt Claras Mama von ihren Geschwistern und wie das früher zu Hause war. Ada und Ella fallen auch ein paar Geschwister-Geschichten ein. Und da sind so lustige dabei, dass ich vor Lachen sogar Schluckauf bekomme und gar nicht mehr an Mama und Papa und den Schlumpf denke. Bis auf einmal Adas Mama neben mir steht.

»Yuki, kommst du?« fragt sie und lächelt dabei von Ohrläppchen zu Ohrläppchen.

Und auf einmal – ist alle Angst futsch.

Ich sause zum Zelt, flitze durch den Eingang – und da, in der

Kuschelecke, liegen Mama und Papa. Und auf Mamas Bauch liegt der Schlumpf

»Mein kleiner Bruder«, flüstere ich.

»Wie würde es dir denn gefallen, wenn der Schlumpf ab sofort Taro heißt?«, fragt Papa.

Doch ich kriege keinen Ton mehr raus und kann nur stumm nicken. Weil ich, von den Fußzehen bis zur Nasenspitze, voll mit warmer, kribbeliger Kleiner-Bruder-Liebe bin.

Text: Judith Allert | Illustrationen: Marie Braner
Lektorat: Marlen Bialek | Herstellung: Derya Yildirim
ISBN 978-3-551-52183-5 | www.carlsen.de